Ernest SARRAN

Les Masets Nimois

HISTOIRE — PHYSIONOMIE — INFLUENCE

PRIX : 1 fr. 25.

NIMES
IMPRIMERIE GERVAIS-BEDOT
Rue de la Madeleine, 21

1898

LES MASETS NIMOIS

« Heureux auteur ! me disait, il y a quelque temps, un de nos érudits nimois les plus distingués, à propos de mes recherches sur le « Maset », vous avez un sujet neuf, autant qu'intéressant.» Neuf, il ne l'est pas tout à fait. J'ai découvert, par hasard, ces temps derniers, une ancienne brochure de M. Emile Causse intitulée : *Physiologie du Mazet* (1), fort jolie plaquette, semée de traits piquants et d'aperçus ingénieux, malheureusement assez incomplète, et ne donnant de la question qu'une idée insuffisante. Intéressant, le sujet que j'aborde l'est bien plus qu'il ne le paraît, et je m'étonne qu'il n'ait pas tenté

(1) Voici le titre complet de cette courte monographie qu'on ne trouve plus en librairie, et qui m'a été fort obligeamment communiquée par un parent de l'auteur, M. Causse, président du Tribunal de commerce : *Physiologie du mazet,* ou *aperçu du mazet au point de vue philosophique*.

davantage la verve des nombreux lettrés dont s'honore la Rome gauloise. Nos poètes l'ont chanté, mais pas autant qu'il le mérite, à mon avis.

Le plus grand de tous, Reboul, n'a consacré à ce coin si original de la vie nimoise qu'une pièce en dialecte languedocien qu'on lira plus loin. Son contemporain et son émule, Jules Canonge, ce poète fécond autant que charmant, en fait à peine mention.

Et pourtant le maset semble avoir tout ce qu'il faut pour mériter le sourire des Muses. Le mot seul, diminutif de *mas*, *mansio*, à une consonnance si douce, un air si gracieux et si frais ! Il y a tant à dire sur les agréments et les bienfaits de ces innombrables maisonnettes espacées çà et là dans la campagne nimoise, et formant autour de l'antique cité une si pittoresque couronne ! Napoléon Ier prétendait reconnaître la Corse rien qu'à l'odeur du cyste respirée à plusieurs lieues en mer. Non moins poétiquement on reconnait Nimes, de plusieurs lieues à la ronde, à ces bâtisses multiples et très rapprochées, qui piquent, pareilles à des clous d'argent et d'or, le paysage brillamment ensoleillé qui s'éploie autour de l'antique Tourmagne.

A mesure que j'ai étudié de plus près cette question du maset nimois, qui, depuis longtemps, m'attirait, je l'ai trouvée de plus en plus riche et féconde. C'est un diamant auquel on découvre toujours quelque nouvelle facette. Il y a là de quoi peindre, de quoi rêver, de quoi philosopher à l'infini.

Le côté pittoresque du maset (1) est déjà charmant et attrayant. Mais il a aussi un aspect historique qui n'est pas sans intérêt. Son influence morale et sociale achève de lui donner une physionomie qu'il vaut la peine de mettre en relief.

I

ORIGINE — ÉVOLUTION — PHYSIONOMIE

Aspect général des masets. — Bastidon de Marseille, baraquette de Cette. — Histoire : capitèle primitive, maset proprement dit, villa. — Physionomie. Descriptions des poètes.

Voulez-vous avoir des masets nimois, et du cadre où ils s'épanouissent comme des fleurs dans un parterre, une impression générale, un aspect d'ensemble à la fois saisissant et complet ? Refaites le pélerinage toujours cher aux Nimois, allez retrouver le vénérable ancêtre de tous nos monuments, montez au sommet de la Tourmagne, et promenez votre regard sur le panorama magnifique déployé devant vous. Au loin, du côté du Nord et de l'Ouest, ce sont les montagnes des Cévennes, c'est la silhouette dentelée du pic Saint-Loup, ce sont, par les temps bien clairs, les cimes vaporeuses de la Lozère, barrant l'horizon. A l'Est, se dresse la croupe neigeuse du Mont-Ventoux, cet anneau détaché de la chaine

(1) Les auteurs nimois écrivent tantôt *maset* et tantôt *mazet*. Il me semble que cette locution dérivant du mot *mas*, il vaut mieux l'écrire avec une *s*.

des Alpes. Au Midi, on aperçoit, à travers une brume légère, la mer, la vaste mer, dont la surface bleue se confond avec l'horizon lointain.

Ramenez maintenant votre regard tout près de vous. L'antique cité de Nemausus est là, majestueusement et gracieusement couchée au pied de la Tourmagne. Les flèches gothiques, grêles et élancées, les clochers romans, puissants et trapus, se profilent sur le ciel d'un bleu pareil aux enluminures du Paradis dans les vieux missels. L'amphithéâtre romain, ce colosse aux teintes variées, se détache nettement sur les tons uniformément gris, ou d'un blanc éblouissant, de tout ce qui l'environne. Cette masse imposante des Arènes s'harmonise agréablement avec le clocher aérien de l'église Sainte-Perpétue et avec l'admirable fontaine de Pradier. Par sa noble et élégante beauté, la Maison-Carrée forme un heureux contraste avec le prosaisme et les couleurs trop crues des maisons voisines. Un soleil rayonnant et superbe crible de ses flèches d'or

.... Cette ville embellie,
Ce fragment détaché des bords de l'Italie,
Où le Ciel, se peignant d'un éternel azur,
Est presque monotone, à force d'être pur (1).

Autour de Nimes, le paysage est remarquable par une couleur très spéciale et très pittoresque. Je ne parle pas de la plaine, immense manteau où se mê-

(1) Reboul.

lent toutes les nuances vertes, depuis le vert foncé et le vert glauque jusqu'au vert le plus tendre, coupé par les longs rubans blancs des routes poudreuses. Je parle surtout des collines qui se dressent de tous côtés, ayant chacune sa forme et son aspect particulier, ses ondulations diverses, où le soleil, par des effets curieux de lumière et d'ombre, met en relief les moindre détails du paysage. Les maigres frondaisons qui couvrent les flancs de ces monticules, tantôt frémissent sous les baisers d'un vent paresseux, et tantôt crient douloureusement sous les rafales impétueuses du mistral. Les oliviers d'argent, les figuiers aux branches grises, les amandiers au blanc panache, dévalent sur la croupe des côteaux, pareils à des troupeaux pressés dans un étroit vallon. Çà et là, des pins et des cyprès jettent quelques traits plus sombres sur l'invariable fond grisâtre de l'ensemble.

Mais ce qui frappe surtout le regard, ce sont toutes ces maisonnettes de taille, de forme, de couleur si variées, qui sont échelonnées tout le long des collines, sur les plateaux, dans les vallons, par centaines, par milliers même, et qui achèvent la physionomie pittoresque du paysage. On les voit émerger de partout au-dessus des monotonies grises de l'olivier, et des amas de pierre, comme une flore d'un genre à part. Elles se touchent presque, à certains endroits; elles entourent, avec grâce, la belle et opulente cité d'une ceint ure immense, ayant pour frange, dans la plaine, les belles verdures aux teintés diaprées. Au soleil levant surtout, tous ces masets sont revêtus d'une lumière d'or qui les met dans un relief saisissant. Et si on les contemple la nuit, quand, pour parler la langue du poète à la mode, Eugène Rostand

Le clair de lune coule aux pentes des toits gris,

quel spectacle fantastique ! Entre le firmament et la terre l'analogie est curieuse. Ce sont, en bas comme en haut, des étoiles et des constellations autour d'un point central. Les masets sont comme les satellites gravitant autour d'un astre qui est la ville elle-même.

*
* *

Qu'est-ce qui a donné naissance à toutes ces maisonnettes rurales ? C'est l'amour de la campagne, c'est la recherche de l'air pur et du grand soleil, c'est le besoin de délassement et de libre expansion, c'est l'attrait de se voir propriétaire et de posséder un « home » bien à soi. *O Rus, quando te aspiciam !..* chantait Virgile fatigué de la vie de Rome, et soupirant après sa villa de Mantoue. *Hoc erat in votis, modus agri non ita magnus*, etc., s'écriait Horace rêvant, lui aussi, d'une retraite champêtre, où il pourrait jouir de lui-même et de la nature.

Ce cri classique des poètes répond à un sentiment naturel à tout homme qui vit à la ville. A toutes les époques de l'histoire, l'instinct de la conservation a du le faire réagir contre le séjour permanent dans les cités populeuses, contre les amoncellements atrophiants de la race humaine.

Il fait si bon, quand, toute la journée, ou même toute la semaine on a respiré une atmosphère lourde, énervante, comprimante, d'aller, chaque soir, ou, du moins, chaque dimanche, en pleine campagne, dilater ses poumons et détendre ses nerfs. C'est le besoin et l'attrait de l'ouvrier, du fonctionnaire, de l'employé de magasin, du « retraité », du petit, et même du gros rentier. On a fait quelques économies, on achète un petit champ, une olivette, une vigne qu'on cultive avec amour.

Faire sa provision de vin, boire du vin de sa vigne, quel régal ! Qui ne connait la fameuse chanson de Pierre Dupont :

> Cette cote à l'abri du vent,
> Qui se chauffe au soleil levant
> Comme un vert lézard, c'est *ma* vigne.

Or, de la vigne est né le cube de pierres, la « capitèlo »,(1) la hutte en pierres sèches si commune dans tout le Midi :

> Ounte lou ro, la capitèlo
> D'ouliveirèdo s'emmantèlo,

dit Mistral, et Lafare d'Alais parle aussi de

> . . . . . la Capitèlo
> Cuberto d'un lausas.

(1) Du latin *caput tectum*. En bas latin, *capitellium*.

Il faut bien un abri pour se reposer un moment, pour faire la sieste, pour se garer du mauvais temps, pour déposer les outils. Puis, la famille a voulu partager les plaisirs du père; la capitèle s'est embellie; le petit réduit est devenu une habitation, oh ! combien rudimentaire ! C'est le « maset ». A Marseille, on l'appelle le *cabanon*, le *bastidon*, à Cette la *baraquette*, à Béziers la *grangette*.

Le bastidon de Marseille est né de la pèche. L'ouvrier, pour se reposer du labeur hebdomadaire et dans le besoin de s'appartenir toute une journée, a, d'abord, construit dans les coins ensoleillés d'Endoume, de Maldormé, de Malmousque, une cabane pour abriter ses engins de pêche ; plus tard, la famille a voulu partager les plaisirs du père, la cabane s'est agrandie, il a fallu faire des chambres, établir une cuisine, transformer en petit pied-à-terre une habitation très rudumentaire. Le cabanon a été créé.

C'est là-haut, sur les coteaux qui dominent la Corniche, des Catalans à l'Oriol, qu'il faut chercher le véritable cabanon marseillais. Une bâtisse grande comme çà, une terrasse qui puisse servir à la fois de salle à manger et d'annexe à la cuisine, un jardin large comme un mouchoir de poche avec, au milieu, un figuier rachitique, un pin dépenaillé, ou une vigne atteinte de chlorose. Le soleil y fait rage, mais la terrasse est abritée par un treillage sur lequel pend lamentablement une tente, qui parait avoir été découpée dans un drap de lit. Cela suffit :

le Marseillais aime son cabanon, il y consacre toute sa journée du dimanche, et c'est pour lui une joie sans pareille d'y passer deux jours de fête consécutifs.

Les baraquettes de Cette ont aussi leur couleur et leur charme. Petites bâtisses sans prétention, coquettes et fleuries, autant du moins que le soleil enragé et le vent impétueux de là-bas veulent bien le permettre, elles sont presque toutes accrochées aux flancs de la petite colline que l'on nomme prétentieusement la Montagne, avoisinant la ville et qui semble jaillir du milieu des eaux, entre la vaste mer bleue et l'étang de Thau, aux bords endormis dans la verdure. C'est dans une de ces baraquettes que fut décidé, en 1894, l'assassinat du Président Carnot, entre sept compagnons anarchistes. Caserio fut désigné par le sort pour frapper le Président de la République au cours de son prochain voyage. Contraste étrange ! La baraquette d'où partit ce coup sinistre s'appelle : « La Joyeuse »

*
* *

Mais c'est à Nimes surtout que le goût de la maisonnette de campagne a pris un développement extraordinaire. Avoir un maset est devenu le rêve de tout bon Nimois ; aller au maset, son suprême bonheur. De quelle époque date cette coutume dont je dirai plus loin la bienfaisante influence ? Notre historien local, Ménard, est muet sur ce point,

M. Emile Causse fait remonter le mas jusqu'à l'époque gallo romaine. Il existe encore aux environs de Nimes, du côté du village de St-Côme, un hémicycle de collines exposé en plein midi, et parfaitement à l'abri du vent. Une source abondante y répand le bienfait de ses eaux. Les Nimois de l'époque des Antonins avaient bâti dans cette position très favorable de somptueuses villas, dont on aperçoit, à chaque pas, les multiples débris.

Il y a plus. Au dessous des mosaïques qu'on trouve parmi ces ruines, dans l'humus qui forme une couche très épaisse, on a découvert de nombreux fragments de poteries préromaines, et des inscriptions celtiques en lettres grecques (1). Du reste, la capitèle d'aujourd'hui est une reproduction de l'antique hutte gauloise, laquelle était terminée en cône, et couronnée par des anneaux concentriques en encorbellement. Il y a dans la campagne de Nimes, en pleine garrigue, près du champ de tir, un site qu'on appele le *site des capitèles*. M. le docteur E. Mazel, dont tout le monde sait la compétence et l'érudition, est convaincu qu'il y a eu, en cet endroit, un groupe de huttes gauloises, et que ces capitèles, ces amas de pierres, ces pans de murailles sont les restes d'une sorte d'*oppidum* celtique.

Lorsqu'au moment des invasions barbares, Nimes eût perdu une partie considérable de sa population par la guerre et d'autres fléaux, les collines furent

(1) *Nimes Gallo-Romain*, par Hippolyte Bazin.

abandonnées, et les eaux pluviales les laissèrent bientôt à nu, pour enrichir les bas fonds et même la plaine du Vistre. Néanmoins, il a du y avoir, à toutes les époques, autour de Nimes, des « cubes » qui servaient d'abri aux *rachalans*, si souvent chantés par Bigot. Le rachalan, c'est le cultivateur nimois se rendant au travail monté sur son âne. Dans l'idiome local primitif *rache* signifie âne.

Mais il semble, sauf meilleures informations, que l'institution du « maset », telle qu'elle existe maintenant, date de notre siècle. A mesure que la population de la ville s'est accrue, l'ouvrier, l'employé, le marchand, le fonctionnaire en activité ou en retraite, a voulu avoir son maset. C'est là qu'il vient, toutes les fois qu'il le peut, gouter, avec le plaisir de la campagne, celui de se sentir propriétaire. Que ne fait-il pour améliorer son bien ! Il ramasse les pierres une à une, les range soigneusement sur les bords de son domaine, et arrive ainsi à gagner quelques pieds sur la garrigue. Les pierres amoncelées chaque année forment des tertres allongés de plusieurs mètres de hauteur, qui portent ici le nom de *clapas*.

Quelques-uns de ces tertres remontent cependant à une haute antiquité. Ce sont des *tumuli*, et, sous ces pierres transportées de main d'homme, reposent, à une faible profondeur dans le sol, les cendres des populations qui ont précédé les Romains dans le pays. L'auge de pierre renferme des os calcinés, des débris de poteries fabriquées au moule, et l'épée en fer que le défunt avait portée au côté dans toutes ses expéditions, et dont il ne voulait même pas être séparé par la mort (1).

*
* *

L'institution du maset n'a point échappé à la loi de l'évolution et du progrès. Ainsi la capitéle s'est transformée, peu à peu, en *mas* proprement dit, lequel est, à son tour, éclipsé aujourd'hui par la « villa » Il faut entendre notre grand et cher Reboul gémir de ce changement, dans sa pièce de poésie languedocienne intitulée « Ma capitèllo. »

Aï uno vigno à Pisso-Vin
Qu'es uno di miel acoutrado ;
Moun ase n'en sap lou camin :
Lou faï tan de fes dins l'annado !
Can i vau, à moun pensamen
Que de causo fan parpantello ;
Moun Diéu, moun Diéu ! li bon moumen
Qu'aï passa dins ma capitello !

Moun paure grand (davans Diéu sié)
L'avié bastido à pèiro seco ;
Iéu e moun paire, em de mourtié,
Chasque an, retapavian si deco.
Après lou grand-béure (1), l'estiéu,

(1) E. Potbier, *Sépultures préromaines trouvées dans les environs de Nimes*, 1890, cité par M. Hippolyte Bazin

(2) On appelle, chez les cultivateurs du pays, *lou grand bèure* le repas qu'on fait à onze heures,

Can Loubet fasié sentinello,
Canti roupihage aï fa iéu,
Espandi dins ma capitello !

I trouvas, can i sès dedin,
Une grando lauso pèr taulo.
Que de fes, em de bon vesin,
I'aven manga de cagaraulo ;
Que de fes, en Revolution,
Maugrat lou diable et sa sequello,
Avén canta : Vivo Bourboun !
En trincant dins ma capitello !

Dirias-ti que moun fil Césé
La voudrié veïr abousounado,
Per metre à sa plaço un masé
Em de fenestro bén pintrado.
Moun fil, voudrièi pas te facha ;
La bastisso serié pu bello,
Mai de-que ser dé t'ou cacha,
Amariei maï ma capitello (1)

J'ai une vigne à Pisse-Vin — Qui est une des mieux tenues — Mon âne en sait le chemin ; — Il le fait si souvent dans l'année ! — Quand j'y vais, dans mon imagination,— Que de beaux rêves papillonnent ! — Mon Dieu, mon Dieu ! quels bons moments — Que j'ai passés dans ma capitèle !

Mon pauvre grand (devant Dieu soit-il) ! — L'avait bâtie à pierres sèches — Mon père et moi, avec du mortier, — Chaque année nous réparions ses brèches. — Après le grand-

(1) Cette pièce patoise fut débitée, au théâtre de Nimes, par l'artiste comique si connu, M. Martin, le 17 mai 1876, jour de l'inauguration de la statue de Jean Reboul.

boire, l'été — Quand Loubet faisait sentinelle, — Que de bons sommeils je me suis payés, — Étendu dans ma capitèle!

Entrez-y : vous y trouverez — Une grande pierre pour table — Que de fois, avec mon voisin, — Nous y mangions des « cagaraules » — Que de fois, en Révolution, — Malgré le diable et sa sequelle, — Nous chantions : Vive Bourbon, — En trinquant dans ma capitèle!

Diriez-vous que mon fils Césé — Voudrait la voir démolie, — Pour mettre à sa place un maset — Orné de fenêtres bien peintes — Mon fils, je ne voudrais pas te facher — La bâtisse serait plus belle : — Mais que sert de te le cacher, — J'aimerais mieux ma capitèle.

Telle est la véritable capitèle, de plus en plus rare, tellement étroite que, lorsqu'on faisait cuire la traditionnelle omelette, la queue de la poéle passait à travers la porte. M. E. Causse constatait déjà, il y a plus de trente ans, la disparition progressive de cette forme rudimentaire du maset « La capitèle s'en va, disait-il, elle a fait son temps. Sa forme tumulaire, son entrée sans fermeture, l'inévitable cuve en pierres qui en occupe le fond, la rendent peu propre aux besoins d'une civilisation avancée. C'est plutôt un lieu de refuge qu'un maset. Semblable à ces êtres d'un autre âge pour lesquels les éléments de notre atmosphère ont été insuffisants, la capitèle ne tardera pas à disparaître de la surface de notre sol. Il ne reste plus d'elle, comme du mastodonte et de l'ictyosaurus, que des fragments géologiques (1). »

(1) *Physiologie du Maset*,

Pour retrouver quelques modèles de ces cubes batis en pierres sèches, il ne faut pas craindre de pousser loin et haut dans la campagne nimoise. C'est là qu'on rencontre la vraie « garrigue » toute en cailloux et en grisailles, rappelant les paysages de Syrie, et les alentours de Jérusalem si bien décrits par Pierre Loti. Terrains gris, rocailleux, secs et pelés ; tristes oliviers se tordant dans le deuil de leurs bras rabougris ; quelques cyprès donnant aux enclos étroits l'aspect de petits cimetières; point d'eau, ni d'ombre, ni de verdure, rien de frais, de riant. Et pourtant cette nature ingrate à son charme et sa couleur. Ce qui la transfigure, c'est la lumière, cette lumière, sourire et grâce du Midi, qui donne du relief au moindre pan de mur et au moindre brin d'herbe. Oh ! le grand peintre qu'est le soleil ! D'un seul coup de son pinceau magique, il sait métamorphoser une terre de mort en terre de vie, et jeter, sur la désolation et le deuil, la gaieté, rayonnante et superbe, de son manteau d'or et de diamants.

N'allez pas vous imaginer que le maset proprement dit, auquel Reboul préférait la vieille capitèle, soit ordinairement un chef-d'œuvre artistique, avec sa toiture en tuiles rouges, sa girouette élancée, ses persiennes vertes, sa cheminée bizarre, qui porte au ciel, le dimanche, la fumée odorante des omelettes et des gigots bourrés d'ail. Les murs étalent des couleurs criardes, ou se couvrent de fresques que des Puvis de Chavannes d'occasion ont improvisées avec un pot d'ocre jaune et de noir animal à la colle. C'est d'une fantaisie un peu enfantine. Quelques-unes de ces maisonnettes sont pourtant de vrais chalets fort gracieux, avec de jolis noms qui vous fredonnent à l'oreille un peu de musique : Beau site, Mon Rève, Belle-vue, Mon Plaisir, des prénoms féminins de toute espèce.

L'enclos s'agrémente de plantes et d'arbustes un peu roussis par le soleil, mais qui font encore joie au regard. Une lutte s'est engagée entre l'amateur et la garrigue, et l'amateur a été souvent victorieux. Voici des amandiers qui jettent une fusée de fleurs blanches dans le paysage. Quelques rosiers, quelques iris ornent les plates bandes assoiffées d'eau du ciel. Il y a une tonnelle, environnée de plantes grimpantes, qui met un peu de mystère frais dans l'habitation. Mais le charme et l'agrément viennent surtout des points de vue, de la pureté de l'air, et de l'éclat du soleil.

Jugez en plutôt par cette description qu'en fait M. le pasteur Février (1).

(1) *Mon mazet*, pièce lue à l'Académie de Nimes — *Mémoires de l'Académie*, tome XVI.

Mon mazet est sec et brulé ;
Ses plates-bandes sont fort maigres ;
Il est rasé, tondu, pelé,
En hiver, par les brises aigres.

Pour recueillir les eaux du ciel
J'ai fait construire une citerne,
Mais il manque l'essentiel
Il pleut très peu, cela consterne.

N'importe, mon mazet me plait,
Il est propre comme une assiette,
Et je l'adore tel qu'il est,
Aussi petit qu'une serviette,

Nous avons la lumière et l'air
A foison, à pleines brassées.
Sur le dehors vibrant et clair
S'ouvrent de légères croisées.

Si le soleil est trop cuisant,
Contre ses feux incendiaires
J'ai le feuillage doux, luisant
De quatre oliviers centenaires.

Le paysage m'apparait
Précis sous une clarté crue :
Là bas, au loin, une forêt,
Des bœufs tirant une charrue ;

Ici des côteaux giboyeux
Où les gênets, marquant leur zone,
Font tâche sur le roc crayeux,
Comme une lèpre d'un beau jaune.

....

Mais rien n'égale mon soleil
Flambant au zenith de sa gloire ;
Le soir il se couche, vermeil,
Dans des flots de pourpre et de moire
....
....
....

Elles sont charmantes, ces strophes ; mais, pour chanter le maset, rien ne vaut la langue du terroir. Qui ne connaît la chanson de Louis Roumieux, si populaire dans le Midi tout entier. Qu'il me suffise d'en citer quelques vers :

Lou maset de meste Roumiéu
Es un maset coume n'i a gaire
Ben segur, dins tout lou terraire
Se n'en véi ges coume lou siéu

Poudès cerca dins la garrigo
Se n'en trouvas un coume aquéu
Dieu de moun nas fague une figo
E dous siblet de mi bouteu !
Lou maset etc., etc.

Requinquiha, blanc coume l'ile
Courouna de flour et de gréu
Dins soun enclaus morgo, tranquile
L'auro, la pluéjo et lou soulèu
....
Intras, veirès sus li muraïo
De tabléu rudamen pinta ;
Un gran noufrage, uno bataïo
Paris dins touto sa béuta
....
....

Le maset de maître Roumieux — Est un maset tout à fait rare — A coup sûr, dans le territoire — On n'en voit pas comme le sien.

Cherchez dans toute la Garrigue — Si vous en trouvez comme celui-là — Dieu de mon nez fasse une figue — Et deux siflets de mes tibias.

Svelte, propret, blanc comme un lys — Orné de fleurs, de bourgeons vermeils — Dans son enclos, il brave, tranquille, — Le vent, la pluie et le soleil.

Entrez, voyez sur la muraille — Des tableaux bien peinturlurés, — Un grand naufrage, une bataille, — Paris dans toute sa beauté.

....

....

Un autre félibre nimois, M. Bard, a décrit le maset d'un de ses amis, musicien émérite, dans une langue fraiche et gracieuse comme le sujet :

Acimerla subre l'auturo
De la colo de Vento-bren,
Sabe escoundu dins la verduro
Uu poulit nis sus un cresten.
L'amista de longo ié niso,
Es de la pas lou frés séjour ;
La gaieta se ié rémiso
Emé la franco et bono imour.

Aquel nis que l'auro poutouno
E caresso de si raset,
Ounte lou cor se desboutouno,
De meste Jacque es lou maset !

Sa blanco testo es encieuclado
D'un brès empli de mille oudou,

Au mes de mai la girouflado
Se meselo i roso de sentou.
Sus lou valoun plano et doumino,
Encapela de mila grél ;
Au mistralas viro l'esquino,
Regardo en faço lou sourel.

Subre la porto i'a no liro,
Simbéu verai, armounious
Dou'cor d'eléi que vous i attiro
Emé soun biais amistadous.
Li draioù, bourda de coutélo,
S'en van de drécho o de galis
Touti beca sout la tounélo
D'aquel galant et poulit nis !

Aquel nis que l'aouro poutouno
E caresso de si raset,
Ounte loú cor se desboutouno,
De Meste Jaque es lou maset !

Perché sur la hauteur — De la colline de Ventabren, — Je sais, caché dans la verdure — Sur cette crête, un joli nid. — L'amitié y fait sa demeure ; — C'est de la paix le frais séjour — La gaieté sans cesse y habite — Avec la franche et bonne humeur.

REFRAIN

Ce doux nid que la brise flatte — Et balance avec ses baisers — Où le cœur s'ouvre et se dilate — De Maître Jacque est le maset.

Sa blanche tête .est ceinte — D'un berceau plein de mille odeurs — Au mois de mai la giroflée — Se mêle aux roses embaumées — Il plane et domine le vallon — Coiffé de mille bourgeons — Au mistral il tourne le dos — Il regarde en face le soleil.

Sur la porte brille une lyre — Symbole vrai, harmonieux Du cœur d'élite qui vous y attire — De ses élans affectueux. — Les sentiers tout bordés d'iris — Circulent de droite et de gauche — Pour aboutir sous la tonnelle — De ce gracieux et charmant nid.

Ce doux nid que la brise flatte — Et balance avec ses baisers — Où le cœur s'ouvre et se dilate — De Maître Jacque est le maset.

Le mobilier du maset est tout ce qu'il y a de plus sommaire. C'est le confort traditionnel du vide bouteilles, le trop plein ou le trop vieux du rat de ville, utilisé par le rat des champs. Un félibre de Montpellier, M. Coulazou, a imité, dans son dialecte local, la chanson de Roumieux et décrit ainsi l'intérieur de son mas (1) :

Lou mas de German Coulazou
Es un maset de pacoutiha ;
Se ie plai embe sa famiha
Surtout dins la bona sasou

. . . .

Sous cadres fan trista figura
I'a de batalhas, de foutraus
Soun manjats de la mousidura
E crebelats de mila traucs

Dins lou cambus i'a sieis cadieiras
Toutos ie manca sous barréus,
Una fenestra sans crousieiras

(1) *Armanac Mount-Pelieirenc,* 1896, page 183.

La porta-vitra sans carreus.

Un floc de taula quissounada
Que data de moun reire-grand
Dessus i'a'na tela cirada
Seca couma un Caramantran.

De culiès n'i a quatre, pecaire,
Que l'usajé a mes au calos
An pas jamai vis l'estamaïre
Et dos fourchetas tout en gros

....

Le mas de Germain Coulazou — Est un maset de pacotille : — Il s'y plaît avec sa famille — Surtout dans la belle saison.

....

Ses cadres font triste figure — Ce sont batailles, fantaisies — Ils sont mangés de moisissure — Et tout percés de mille trous.

Dans la salle il y a six chaises, — A toutes il manque des barreaux ; — Une fenêtre sans croisées ; — La porte vitrée sans carreaux ;

Une table toute vermoulue — qui date de mon arrière grand ; — Dessus, une toile cirée — Laide comme un Caramantran.

De cuillers, rien que quatre, peuchère ! — Que l'usage a fait dégoutants — (Ils n'ont jamais vu l'étameur) ; — Des fourchettes, deux, et pas plus.

....

On comprend, devant cette description, la boutade de M. Causse : Je ne dis rien du mobilier d'un maset : je ne veux humilier personne.

*
* *

Il y a enfin une troisième catégorie de maisons de campagne, celles-ci mieux installées et plus confortables. Mettez-vous à la portière, un jour que vous volerez, sur les ailes de la vapeur, dans la direction d'Alais-Saint-Germain-Paris. Ou, mieux encore, allez faire une promenade sur les routes, soit d'Alais, soit surtout d'Uzès. C'est là que vous rencontrerez la maison de campagne dernier modèle. La chenille est devenue le brillant papillon. Où est la capitèle chétive ? Où est même le modeste maset ? On se croirait en présence de ces historiques villas dans lesquelles les chevaliers Romains allaient se reposer des fatigues de la guerre, aux bords fortunés de l'Arno, ou sur les collines embaumées de Tivoli. Il y a là une installation complète, salle à manger, salon, chambres, serre, que sais-je encore ? Grâce à l'eau du Rhône, le désert a fleuri, et la garrigue s'est couverte d'une belle végétation. Les allées ombragées et les parcs anglais ont remplacé le vieil enclos pelé. Fleurs et fruits abondent dans le jardin. C'est confortable, c'est parfois luxueux, c'est généralement banal.

Parfois, cependant, la main d'un homme de goût, d'un véritable artiste, marque son empreinte sur ces habitations rurales. Quelques Nimois penseront, sans doute, en lisant ces lignes, à un maset perché sur la crête d'une des « sept collines » chantées par

Rebóul, près des moulins à vent. Il fut la propriété d'un des prêtres les plus distingués dont s'honore, en ce siècle, le diocèse de Nimes, M. le chanoine Graffand, ancien curé de la Cathédrale. « Que de fois, écrivait récemment Mgr Fuzet, dans une bien belle notice sur M. l'abbé Raoux, que de fois j'ai rencontré le curé vieilli, appuyé sur le bras de son vicaire (M. Raoux), rayonnant de force et de santé, gravissant lentement les pentes de Saint-Charles et, allant prendre un instant de repos au mazet ! Le mazet ! c'était une maisonnette entourée d'un assez grand jardin, au sommet des collines de la Tour-Magne,et dominant la ville. Le vénérable archiprêtre, qui avait la science et la passion des fleurs, semait, plantait, arrosait, et rien ne lui était plus agréable que de réunir quelques amis dans cet enclos riant et embaumé. Après les soins donnés aux plantes et aux arbustes, on s'asseyait, pour le repas et la conversation, autour d'une table rustique, sous la tonnelle fleurie. Nimes, avec les flèches et les tours de ses églises, le cirque immense de ses Arênes, le fronton radieux de sa Maison-Carrée, les méandres argentés de sa Fontaine sacrée, et la ceinture verdoyante de ses boulevards, s'étendait au pied de la colline ; et là-bas, à l'horizon de la vaste plaine, sur les bords blanchissants de la mer, les remparts d'Aigues-Mortes se découpaient dans la pourpre du soir. C'était à ces heures de délassement et de réunions amicales, qu'on retrouvait l'abbé Graffand avec son génie et son âme ».

D'après M. Émile Causse, les chemins de fer, qui ont influé sur tout, n'ont pas été sans influence sur le maset. Ces tranchées cyclopéennes, ces longs et rapides convois, le cri strident, la marche puissante et gracieuse, tout à la fois, de la locomotive, ont été pour le maset un accident des plus heureux, et, j'ose même le dire, la source abondante et, en quelque sorte, intarissable d'une nouvelle vie. Un courtier émérite, ajoute le spirituel écrivain, un de ces vieux loups qui, sous la forme humaine, parcourent en tous sens nos rues et nos boulevards, épiant leur douce et innocente proie, affirmait, avec l'accent de la plus profonde conviction, que la vue, même lointaine, même oblique, du chemin de fer, augmentait la valeur intrinsèque d'un maset de plus d'un cinquième, et que, si par une orientation heureuse et exceptionnelle, la vue était droite, la plus-value n'était pas inférieure à la moitié.

Je crois bien qu'il y a là un peu d'exagération; mais que les chemins de fer aient eu leur rôle dans l'évolution progressive de cette institution, il n'y a pas de doute. De même les tramways, en abrégeant et allégeant la route, ont contribué à la multiplication de ces maisons de campagne.

A quel chiffre faut-il en évaluer le nombre? M. E. Causse déclare qu'il en a compté 573 rien que dans un rayon de trois kilomètres. et c'était en 1864. Depuis lors, le nombre des masets a certainement doublé. On en compte actuellement plus de quatre mille. Ce magnifique collier dont se pare, semblable à une reine, l'antique Nemausa, s'enrichit chaque année de quelques perles nouvelles qui en augmentent la richesse et l'éclat.

II

LA VIE AU MASET

Physionomie des Garrigues les dimanches et jours de fête. — Mœurs et coutumes. — Les repas au Maset. — Le type du masetier nimois. — La passion du maset. — Une pièce de comédie en trois actes sur le maset.

La physionomie des garrigues nimoises avec leur blanche végétation de maisonnettes n'apparaît dans toute son originalité et tout son intérêt que les dimanches et les jours de fêtes. Pour bien apprécier les masets, il faut les voir vivants, pleins de bruit et de chansons. C'est un des coins les plus suggestifs que puisse trouver un observateur en quête de manifestations psychologiques et physiologiques. C'est au maset que notre exubérance méridionale se donne libre cours. Là, dépouillée des entraves de l'étiquette, c'est la vie dominicale en bras de chemise, au grand air, dans la liberté d'allure qui convient à ceux qui veulent rire, s'amuser, et secouer, avec les grelots d'or d'une gaieté de bon aloi, les soucis et les ennuis de l'existence.

Allez, le dimanche matin, faire une excursion parmi les nombreux chemins qui se croisent en vrai labyrinthe au milieu des garrigues, et assistez à cet exode de tout un peuple vers la campagne. Vous ne direz pas, comme cet excellent Mac-Mahon : Que d'eau ! Que d'eau ! Ah! ça, non, par exemple. De l'eau, il n'y en a pas. Mais vous répèterez à tout moment : Que de monde, grand Dieu, que de monde ! Et quelle joie ! Quels cris ! Quels chants ! Quel entrain endiablé !

Le mari, s'il est bon chrétien — et il l'est ordinairement chez nous — commence par aller à la messe de 5 heures, en été, de 6 heures, en hiver, et il part.

Emme soun paquetoun coume chacun camino
D'un er coutén, lou dimenché matin !

La femme, elle, part un peu plus tard avec les enfants. On arrive, on se met à l'aise, les hommes en bras de chemise, les femmes en jupon court, les enfants à l'avenant.

Si le Nimois préfère le maset à la promenade, c'est parce qu'il y est sans gêne, qu'il peut y fumer sa pipe à l'aise, se coiffer d'un vieux chapeau de paille et quitter sa veste. Les femmes en rafolent, parce qu'elles y sont à l'aise et trouvent toujours au maset quelques fruits ou quelques fleurs à cueillir, quelques salades des champs à ramasser. Les enfants de même, parce qu'ils font la chasse aux grillons, aux papillons, aux lézards et aux sauterelles.

A peine arrivé, on visite le domaine pour la millième fois, en s'extasiant sur tout ce qu'il renferme;

on passe en revue les arbres fruitiers. Le moment arrive bien vite de préparer le déjeuner. On puise de l'eau à la citerne et on met le vin à rafraîchir. C'est le petit vin du cru chanté par Horace. Enfoncés le Langlade, le St-Georges, l'Hermitage, le St-Emilion et le Chambertin ! Dans la pièce de comédie de M. Gazay dont je parlerai tout à l'heure, il y a un joli mot d'un propriétaire de maset à propos d'un de ses amis qui vient de boire du St-Julien, et en dit du bien:

> Ce n'est *que* du Bordeaux : il le trouve divin ;
> Et que dirait-il donc si c'était de mon vin ?

Il est d'usage, au maset, de complimenter le maître de céans sur pas mal de choses, mais spécialement sur le goût exquis de son « clairet ». Dans la préparation du repas, chacun doit remplir son rôle, et montrer son savoir faire. Oh ! ces plats du maset ! Quel poëme ! Chacun a son plat favori, dans la préparation duquel il s'est acquis une juste réputation. L'ail, bien entendu, l'*aioli*, joue un rôle capital. Un poète du cru l'a dit avec esprit :

> Virgile, homme de goût, a vanté son arome
> Dans ses vers applaudis par les dames de Rome,
> Et, quand il allait voir Auguste au Palatin,
> Chestyllis apprêtait l'ail en gardant ses chèvres,
> Et le poète, en cour, exhalait de ses lèvres
> Le vrai parfum du vers latin.

On se met à table : le repas est bruyant. Saucisson et facéties circulent à la ronde. Il est, à de tels moments, des prolétaires plus heureux que des rois. L'esprit et la bonne humeur courent sur la nappe ou la toile cirée. Les hommes racontent des histoires. Les femmes devisent sur les ragots de quartier, les enfants crient et se battent. Au dessert, on chante, ou on joue de divers instruments. Après, c'est la causerie sur la terrasse, ou bien la traditionnelle partie de boules qui s'engage. Et la journée s'écoule, et l'on rentre, parfois fort avant dans la soirée, fatigué, rompu, mais satisfait de sa journée et convaincu qu'on s'est amusé, heureux de ce bonheur qui consiste à se croire heureux.

Bigot a parfaitement rendu cette physionomie du maset le dimanche.

«Entre li peiro et lis ourtigo,
Aï un mazé din la garigo,
Dou cousta di quatré Piéloun....
Dimènche y'anaren déjuna — san façoun...
Y'oura 'n plat dé cagaraoulo,
Uno anchoyo, uno çébo, un flo de Raquafor,
Dé bon mous, d'aïgo fresco, et, gachò, lou bon cor !..
Piei, sus la terrasso asséta,
Siman la cartajèno et fuman la boufardo...»

« Entre les pierres et les orties — J'ai un maset dans la garrigue — Du côté des quatre Piliers ; — Dimanche nous irons y déjeuner sans façon — Il y aura un plat d'escargots — Un anchois, un oignon, un morceau de Roquefort, — Du bon vin, de l'eau fraîche et surtout le bon cœur ! — Après, sur la terrasse assis — Nous humons la cartagène et nous fumons la boufarde. » —

Ecoutez maintenant M. Février :

Les bords du chapeau rabattus,
En plein été, chaque dimanche,
Nous allons au mazet, vêtus
D'une veste de toile blanche.

On parle, on rit : mainte chanson
Éloigne les propos sévères,
Et la soirée arrive au son
Du choc étincelant des verres.....

A part les dimanches, il y a, dans l'année, certains jours d'exode général à la campagne, le lundi de Pâques, le lundi de Pentecôte, surtout le mercredi des Cendres. Nimes, ces jours là, est transformé en désert. Tous les magasins sont fermés. Personne dans les rues ni sur les boulevards.

Rome n'est plus dans Rome. Elle est toute.... au maset !

Il existe à Nimes un type tout à fait particulier, un être qu'on ne trouve que là, c'est le « masetier » ou « masettiste », l'homme qui a pour sa maisonette de campagne et l'enclos qui l'environne un amour fervent, une vraie passion. M. Causse lui même le dit en propre termes : « J'aime le maset, j'ai la passion du maset ». Le « masetier » passe là tout son temps libre, il n'est bien que là.

Il connait le nombre exact de ses pieds d'olivier ou de vigne. Il sait l'histoire de chacun de ses amandiers, de ses figuiers, et il la raconte : c'est long et intéressant.... du moins pour lui. Il est parfois chasseur... un peu à la façon de Tartarin. « Est-ce que vous faites souvent bonne chasse ? demandai-je un jour à l'un de mes amis. — « Qu'importe ? répondit-il. Ce n'est pas le gibier qu'il s'agit de tuer, c'est le temps.»

Quand c'est un petit rentier ou un fonctionnaire en retraite, tous les jours de l'année il part de grand matin et ne rentre à Nimes que très tard. Il y a des jours où le froid est piquant, où le mistral fait rage. Il y reste quand même ; il y prend une bronchite ; le voilà condamné à garder la chambre quelques jours. Plus de maset ! Supplice affreux ! Sa femme en profite pour l'accabler de reproches : « Oh ! ce maset, il aura ta peau ! » Vous croyez que tout cela va le convertir. Ah ! bien oui ! Un beau matin, pendant que sa femme est de hors, le voilà reparti pour le maset, la joie lui donne des ailes, et il recommence jusqu'à la prochaine bronchite. Je pourrais mettre un nom, et même plusieurs au bas de ce portrait.

En ai-je connu, de ces masetiers fanatiques, pendant que j'étais vicaire à Saint-Baudile ? J'étais chargé de la messe des hommes, et je leur prêchai tous les dimanches à six heures. Tous mes efforts d'éloquence n'avaient qu'un but, les amener à ne jamais partir pour le maset avant d'avoir satisfait au devoir de la messe dominicale. Souvent je leur parlais du maset, de ses charmes matériels, surtout de ses bienfaits moraux, ce qui les ravissait d'aise. Un jour, après cette messe d'hommes, un de mes fidèles auditeurs vient me trouver à la sacristie et me dit : « Monsieur l'abbé, je viens vous faire mes adieux. Je suis forcé de quitter Nimes. Mon pauvre maset, que va-t-il devenir ? » et — je ne plaisante pas — il y avait des larmes dans sa voix — « Voyez-vous, ajouta-t-il, en quittant Nimes, je ne regrette que deux choses, la messe de six heures et mon maset. » Il est mort depuis, je ne crois pas pourtant que ce soit de douleur.

***

Notre grand et cher Reboul, en vrai Nimois de Nimes, était un de ces fervents du maset. Nous l'avons déjà entendu chanter avec amour sa capitèle. Dans les derniers temps de sa vie, il s'était fait une habitude d'y aller tous les jours. « Là, raconte un de ses biographes qui fut aussi un de ses meilleurs amis, Mgr de Cabrières évêque de Montpellier, là il était heureux de réunir ses connaissances et de leur offrir un double repas ; celui d'un rôti ou d'un plat de *cagaraules* (escargots), arrosés d'un vin généreux ; celui d'une conversation animée, pétillante, sillonnée de francs éclats de rire, de joyeux propos et de *fusées* politiques ou chrétiennes d'un éclat saisissant. M. J. Canonge, dans sa notice sur Pradier, n'a pas oublié de raconter que l'habile sculpteur, invité dans l'une de ces *parties* si chères à Reboul, lui fit le grand honneur de charbonner sur le plâtre blanc d'une cloison, au-dessus de la cheminée, l'image d'une Vierge-Mère. Assis nous-même, avec le R. Père d'Alzon et M. Germer-Durand, à la table du bon poète, nous nous rappelons et l'entrain avec lequel il nous versait son vieux Lédenon, et l'enthousiasme qu'il mettait à nous faire admirer la merveilleuse ébauche signée, à défaut de nom, par le talent qu'elle révélait (1).»

Élu député à l'Assemblée nationale de 1848, en même temps que Lacordaire, il ne tarda pas, à l'exemple du grand dominicain, à se trouver mal à l'aise dans l'atmosphère viciée de la vie parlementaire. Le poète, s'écriait-il,

Le poète se meurt sous le représentant :
Quand pourrai-je, au *mazet*, rêvant à quelque ouvrage,
D'un cigare au soleil livrer le blanc nuage !

Le maset n'a pas seulement les faveurs des poètes, il a aussi celle des artistes, et on le comprend. Ainsi que me l'écrivait dernièrement un « esthète » bien connu à Nimes, M. Henri Mazel, la vie en plein air,

(1) *Dernières Poésies* de Jean Reboul, préface biographique, par M. l'abbé de Cabrières.

loin de nuire au sentiment du beau, ne peut que le développer. Je ne veux pas dire que tous les maseliers soient artistes, mais certainement un artiste aimera toujours quelque chose du maset, quand ce ne serait que la couleur du ciel et la tonalité du paysage. Quant à la garrigue nimoise plus spécialement, elle est d'un gris rocailleux qui peut sembler triste à des yeux habitués aux verdures du nord ; mais elle a bien son caractère, et dans l'opposition des tons variés du roc calcaire, du cyprès, de l'olivier et du ciel bleu, il y a de quoi faire le bonheur de beaucoup de peintres. Car l'art supérieur, pour le peintre, n'est pas d'intensifier chaque couleur, mais de les harmoniser toutes. Et certainement il y a autant d'harmonie dans un paysage aride de Grèce, de Judée ou de Nimes, que dans un vallon frais et vert des Alpes ou...... du Vigan ».

Ainsi s'explique le goût qu'ont eu pour les garrigues et les masets des artistes tels que Pradier, l'illustre auteur de la Fontaine qui porte son nom. A l'époque où il s'occupait de cette œuvre merveilleuse, il passa quelque temps, un temps même assez long, dans notre bonne ville hospitalière. Ce fut alors un fervent maselier. Mgr de Cabrières nous a raconté plus haut comment un jour, au maset de Reboul,il crayonna sur le mur une Madone couronnée par les anges. Plus tard, quand le grand statuaire eut quitté Nimes,il écrivait un jour à Jules Canonge, son ami. « Je regrette bien de ne pouvoir faire quelques courses avec vous dans les jolis pays que vous parcourez, ainsi qu'au *casse-bottes* ». Il appelait de ce nom certaine partie des garrigues passablement escarpée et pierreuse située près de la Tourmagne.

*
* *

Un autre Nimois, moins illustre sans doute que Reboul, mais cependant esprit distingué et original, M. Gazay, qui fut longtemps professeur de rhétorique au Lycée, était lui aussi, un « masetier » fidèle (1). Il paraît que la pluie et le mauvais temps ne l'arrêtaient guère, qu'il allait à son maset quand même, s'asseyait à cheval sur une chaise et regardait pleuvoir pendant des heures entières. Il composa même une pièce sur ce sujet qui lui était si familier, et la fit jouer au théâtre de Nimes en 1854. J'ai pu, non sans peine, me procurer un exemplaire manuscrit de cette œuvre qui n'a jamais été imprimée. C'est une comédie de mœurs en trois actes et en vers, curieuse peinture de la physionomie du maset et du « masetier » nimois. C'est un peu naïf comme intrigue et comme jeu scénique, c'est faible dans l'ensemble;

(1) On raconte de lui plusieurs traits qui montrent sa tournure d'esprit, entre autres celui-ci. Lors de sa dernière maladie, M. Gazay, ayant reçu, en bon chrétien, le Viatique et l'Extrême-Onction, voulut qu'on récitât devant lui les Prières des Agonisants. Ce fut son ami, M. Bérard, professeur de dessin, qui lui rendit ce pieux devoir. Mais voilà qu'à peine il avait commencé la lecture de cette si belle et si touchante invocation : *Proficiscere, anima christiana*, etc., etc., le mourant manifeste des signes d'impatience. Puis, n'y tenant plus, il interrompt le lecteur en lui disant : « Fais donc attention, mon ami, tu le massacres, ce pauvre latin ; observe donc la quantité ! »

mais il y a des scènes fort bien menées, des dialogues très vivants, des traits vraiment comiques, de jolis mots, des vers bien frappés a côté de beaucoup d'autres qui viennent moins bien.

Voici, du reste, une analyse rapide de la pièce, intitulée le *Maset*. Vedel est un rentier nimois, pas riche, si vous voulez, mais à son aise, qui pousse jusqu'au fanatisme l'amour de son maset. Sa fille, Nina, par contre, le déteste. Elle est fiancée à un jeune homme d'une condition supérieure à la sienne, Alfred de Largentière. Le père de celui-ci, opulent banquier, par faiblesse pour son fils, consent au mariage. Mais voilà que, tout à coup, la passion du maset, cette passion nimoise par excellence, le prend à son tour. Il lui faut le maset de Vedel, c'est la condition qu'il met à son consentement.

Au premier acte, nous sommes au maset en question. Alfred s'entretient avec Nina de la fantaisie qui vient de germer dans le cerveau de son père. Nina est navrée. Jamais Vedel ne souscrira à cette condition.

...... Le premier dans son cœur
C'est son maset qu'il aime au-dessus de lui-même :
Dieu n'est qu'au second rang : moi, je viens au troisième.

Sur ces entrefaites, Vedel arrive.

NINA

Mon père ! observons son entrée,
C'est d'un triomphateur la demande assurée.

À son front radieux, à son pas solennel
On voit qu'il se figure être aux portes du ciel !

VEDEL

Quel paradis !..... le cœur en ces lieux se dilate,
Et de ravissement s'épanouit la rate ;
Des sites escarpés la hauteur vous grandit,
Et des oliviers seul l'aspect vous reverdit.
J'entends de tout côté parler d'indépendance ,
Rêve où de nos penseurs s'escrime la science.
Pendant qu'on l'analyse au fond d'un cabinet,
Je la mets chaque jour en pratique au maset ;
Ici je puis briser, casser sans que personne
Fronde ce que je fais ou bien ce que j'ordonne,
Ici je suis préfet, ministre, je suis roi !
Pour tout dire en un mot, ici l'Etat, c'est moi.
Il faut que je m'informe où reposent les restes
De celui qui fit tant pour les rentiers modestes.
Quoi ! Pour quelques métiers, un canal seulement
Un Jacquard, un Riquet eurent un monument,
Et celui qui fonda notre gloire locale,
Resterait sans honneur dans sa ville natale ?
O du premier maset illustre créateur !
Du boutiquier rangé insigne bienfaiteur !
Sur un vieux socle extrait de la Porte d'Auguste ,
Entre quatre cyprès, je placerai son buste,
Et je veux qu'une allée, ou s'étale l'iris,
Y conduise à travers deux bordures de buis.

Vous riez, n'est-ce pas, de ce dithyrambe tartarinesque , et vous avez raison. C'est bien ce qu'a voulu l'auteur. Mais, tout en faisant la charge, M. Gazay a exprimé un état d'âme très réel chez beaucoup de Nimois. Il faut causer avec quelques-uns de ces fanatiques du maset, pour voir à quel degré monte leur passion. Tartarin-Vedel n'est pas un mythe. Il est vrai qu'on a la ressource de dire avec Alphonse Daudet : « C'est la faute au soleil. »

La scène principale de ce premier acte est celle où Alfred fait part à Vedel des désirs et des propositions de M. de Largentière. Elle débute par un joli mot :

VEDEL

Tu viens donc de passer mes terres (sic) en revue,
Qu'estimes-tu surtout ?

ALFRED

L'air et les points de vue !

Vedel refuse, bien entendu, de vendre son maset même à un prix exhorbitant, et Alfred lui met alors le couteau sur la gorge. Ou il cédera, ou le mariage n'aura pas lieu. D'un côté l'amour, de sa fille, dont il veut le bonheur ; de l'autre, l'amour du maset, auquel il doit, dit-il, ses plus beaux jours. Qu'est-ce qui l'emportera dans le cœur de Vedel ?....

Au second acte, nous sommes dans l'opulente demeure de M. de Largentière, attendant l'arrivée de son fils et le résultat de ses négociations pour l'acquisition du maset Vedel. — Ici intervient un personnage nommé Tastevin, dont le portrait est,à mon avis, le plus finement brossé de tous. C'est le parasite gourmand, le pique-assiettes obséquieux et bas. Il est chargé d'intervenir, à la fois par Vedel et par Largentière. Il ne sait comment s'en tirer pour ne fâcher personne.

Pèse, ô mon estomac, ce cas de conscience :
Largentière et Vedel sont là dans la balance :
Lequel des deux servir ? Lequel abandonner ?
Tous les deux quelquefois m'invitent à dîner.
Nous devons menager la grâce roturière :
Elle a ses titres ; mais celle de Largentière
Est beaucoup mieux servie : elle a de plus beaux droits.

Au cours de la conversation, Largentière reproche à Tastevin de se faire inviter même chez « les goujats. »

DE LARGENTIÈRE

Je conçois un gourmet qu'un sort désobligeant
Fit riche d'appétit et mal pourvu d'argent,
Mais à nous rechercher un vieil instinct l'excite.
Vous, abject apprenti dans l'art du parasite,
En léchant à genoux le potager d'un gueux,
Vous vous fermez l'accès des buffets somptueux.

TASTEVIN

....

En principe, d'abord, posons qu'il faut qu'il (*le parasite*) [dîne.
Or, pour une ou deux fois qu'une aubaine en cuisine

Nous élève au banquet de quelque demi-dieu,
Vingt fois nous retombons à notre pot-au-feu.
Il est donc naturel, pour combler les lacunes,
Que nous nous rabattions sur les minces fortunes ;
Si l'on se restreignait aux mets de l'opulent
On ferait bonne chère à peine six fois l'an.

DE LARGENTIÈRE

C'est-à-dire que, pour combler cet intervalle
Jusqu'à s'encanailler Tastevin se ravale,

....

....

Le gourmet pauvre et fier, à la table d'autrui
Veut qu'on le traîne, afin qu'on l'invite pour lui.
Sa politique exige un brin de tempérance ;
De la discrétion raffinant la science
Son tact, de temps en temps, à l'invitation,
Loin de la provoquer, sait répondre par non.
Et l'hôte édifié, sans concevoir la ruse,
Vous l'invite dix fois pour une qu'il refuse ;
Voilà le parasite entendant le bonheur :
Il dîne plus souvent, et dîne avec honneur.

TASTEVIN

Oui, vous m'ouvrez les yeux, je vois que ma méthode
Fait fausse route, aussi changerai-je de mode ;
Chaque profession a sa moralité ;
La mienne trop souvent manque de dignité.
Il faut que dès ce jour je la réhabilite,
Et remette en crédit l'état de parasite ;

Je vais donc m'amender, et d'après vos avis,
Refuser un dîner pour m'en assurer dix.

Sur ces entrefaites, Alfred arrive et rend compte de son insuccès à son père qui décide d'aller en personne trouver Vedel à son maset.

C'est là que se passe le troisième acte, le plus important de tous, celui où la physionomie morale du maset se dessine le plus complètement.

A la scène prémière, Vedel fait la sieste : c'est de rigueur au maset. Il rêve qu'on veut le lui acheter.

..... Moi vendre? O calomnie infâme !
Vendre mon..... Ah ! plutôt qu'on m'extirpe le cœur.

Pendant son sommeil, un orage a éclaté et a tout ravagé. Nina espère que cela décidera son père à céder.

L'aspect seul de l'enclos plaidera notre cause, (dit-elle à [son fiancé).
Sans doute en ce moment sur ses biens ravagés
Mon père promenant des yeux découragés,
De ses illusions reconnaît la méprise.

Mais pas du tout : Vedel trouve, au contraire, qu'un orage

.... C'est la manne céleste
En garrigue...........................

M. de Largentière arrive, et ici se place la scène la plus curieuse et la plus comique de la pièce.

C'est la préparation du déjeuner à laquelle tous, même Largentière, en dépit de ses hautaines protestations, sont forcés de collaborer.

Mais aidez-nous ! Ici chacun prend part à l'œuvre :
Dès qu'il faut cuisiner, tout convive est manœuvre.

Le menu, c'est le menu traditionnel du maset : un melon, une andouille, des harengs, un lapin

..... A la chair blanche et molle,

Une salade, et partout du laurier, du fenouil, du poivre, et principalement de l'ail.

.... De l'ail à mort ! s'écrie Vedel.

On ajoute deux chapons en l'honneur des illustres visiteurs.

Mais songeons au dessert : sous mes murailles sèches
Allez ensemble voir ce qu'il reste de pêches.

Le vin qu'on va boire, c'est celui que Vedel appelle son « bourret ». Encore un fruit du maset! C'est prodigieux, dit-il,

Mon caveau bonifie,
En moins de quinze jours, tout ce qu'on lui confie ;
Sentez-moi ce bouquet ! Voyez cette couleur !

Mais Nina prétend qu'il est aigre comme du citron.

Quant à l'eau, Largentière en demande des nouvelles à Vedel, qui répond :

Je vous attendais là :
Savez-vous ce que c'est que l'eau de ma citerne ?

LARGENTIÈRE.

Quelque fluide épais.

VEDEL.

Du cristal !

LARGENTIÈRE.

Un peu terne ?

VEDEL.

Aux plus célèbres eaux je puis jeter le gant.
Mon eau ferait la barbe aux sources du Vigan !

Tout à coup apparaît un autre type trop nimois : le voleur de maset. Vedel va chercher son fusil:

Les maraudeurs ! minute : avec cette arme seule
Je les contiens. Voyez ! Du plomb jusqu'à la gueule.

Ce n'est que du gros sel. Je vous disais bien qu'il y avait du Tartarin dans Vedel. Il tire et tombe à la renverse, mais se relevant aussitôt :

...... Tudieu ! Comme il repousse !
D'un peu plus je perdais l'aplomb, de la secousse !
Il faut compter les morts.... Bon, ils filent partout.

Voilà un trait qu'Alphonse Daudet ne désavouerait pas. C'est du Tartarin de bonne marque.

Puis arrive le jeu de boules où Vedel se casse la cheville, sans que cet accident entame tant soit peu son attachement au maset. Entre temps, il discute avec Largentière, et, comme il est brave homme, il finit par signer la vente du maset pour l'amour de sa fille. Mais Largentière, dont l'amour-propre est satisfait, le lui laisse, et Vedel termine par cette tirade :

Quoiqu'en dise le Riche et sa sotte cabale,
Le Maset est divin, il n'est rien qui l'égale,
Et, pour les partisans de la franche gaieté,
Jamais amusement ne fut mieux inventé.
J'ai la « brode » : au Maset, d'un saut, je me transfère.
Soudain, par les sentiers de devant, de derrière,
Visiteurs de tout rang, connus et non connus,
Pour déguster mon vin y sont les bien venus.
Mais c'est peu qu'à donner façonnant la vieillesse,
Le séjour du Maset pousse à la politesse ;
En temps de choléra préservatif nouveau
Le grand air réjouit l'estomac, le cerveau,
De tout mauvais levain promptement le délivre,
Et qui vit sans Maset est indigne de vivre.

Dans l'exemplaire manuscrit de la pièce de M. Gazay, on trouve à la fin la note suivante qui a bien son cachet, elle aussi :

« Vers destinés au public dans le cas où il demanderait le nom de l'auteur :

MESSIEURS,

L'auteur de ce « Maset » que vous venez d'entendre
En possède un gentil, bien peigné, bien propret,

Mais qui n'est pas à vendre,
Et comme il a prévu qu'on le convoiterait,
Que chez lui d'acheteurs une foule accourrait
Si l'on savait son nom....., il garde le secret.

III

INFLUENCE MORALE ET SOCIALE.

Le maset et l'hygiène physique et morale. — Témoignages de Mgr Besson et de M. Causse. — Le maset et la question sociale. — La petite propriété. — L'abbé Lemire et les « jardins ouvriers ». — Pourquoi y a-t-il si peu de socialistes à Nîmes ? — Pour le maset, le socialisme, c'est l'ennemi !

Le Vedel-Tartarin de M. Gazay revient à plusieurs reprises sur les services hygiéniques que lui rend sa chère maisonnette des garrigues. On y trouve, dit-il,

L'espace pour aller, venir en liberté,
La paix, la solitude, et surtout la santé.

Ce point de vue, qui est très vrai, a inspiré à un autre chantre du maset, M. Bard, des strophes languedociennes d'une poésie très mélodieuse et très douce : malheureusement, de cette poésie il ne reste presque rien dans la traduction française :

Dinc un frés e poulit maset,
Fai bon d'ana faire un raset,
Peneja si verdis andano ;

Ie bèure un aire perfuma,
Après aguedre bèn trima
Li sièi long jour de la semano.

Siegue en ivèr, siegue en estiéu,
Lou cor se i'alargo... On reviéu
En faci la bello naturo !
Dins li broundo, lis auceloun,
De longo trason de cansoun :
L'auréto, ajouguido, murmuro.

Uno armounio sènso fin,
Un bresihamen mistoulin
Que vous frusto emé si caresso,
Que fai fuge l'aspre soucit,
E vous barbèlo de plasi
Coume un sounge empli de proumesso.

Ah ! lou dimenche on es urous
De saboura'n moumen tant dous
Liuen de l'envejo que maussigo !...
Liuen d'un mounde ipoucrite e fau,
On atrovo eici lou repaus :
La franco amista vous religo !

E l'on i'a lou cor linde e gai,
E mens grèu l'on sentis lou fai
Que perfés vous quicho e vous plego.
L'on ris, e i'a rés de malaut ;
On manjo, on bèu coume de trau ,
I mege, a si drogo on fait lego.

Dans un frais et joli maset — Il fait bon aller se promener ; — On y foule des allées verdoyantes, — On y boit un air parfumé, — Après avoir bien travaillé — Les six longs jours de la semaine.

Soit en hiver, soit en été, — Le cœur s'y épanouit... et l'on revit — En face de la belle nature ! — Dans les branches les oiseaux — Modulent leurs tendres chansons ; — La brise, joueuse, murmure.

C'est une harmonie sans fin, — Une mélodie gracieuse, menue et charmante — Qui vous effleure de ses caresses ; — Qui met en fuite les âpres soucis, — Et vous fait tressaillir de plaisir, — Comme un songe plein de promesses.

Ah ! le dimanche on est heureux — De savourer un moment si doux — Loin de l'envie qui mord , — Loin d'un monde hypocrite et faux ; — Là on trouve le repos ; — La franche amitié vous unit !

Et le cœur est limpide et gai, — Et moins lourd on sent le fardeau — Qui parfois vous écrase et vous ploye. — On y rit, et personne n'est malade ; — On mange, on boit comme des trous ; — On s'y moque du médecin et de ses drogues !

L'hygiène morale trouve aussi son compte dans la fréquentation du maset. M. le chanoine Delfour le dit avec beaucoup de raison dans son étude si intéressante et si savoureuse sur notre La Fontaine languedocien, Bigot, il n'existe peut-être pas en France, à l'heure qu'il est, une coutume plus morale, plus noble, au sens antique du mot, plus digne d'un peuple libre, que celle qui tous les dimanches fait émigrer tant de Nimois vers leur maset. C'est dans ce cadre qu'il faut placer ce travailleur méridional, à la fois si honnête, si libre et si fier, dont

M. Alphonse Daudet a parlé jadis avec une sympathie émue, c'est dans ce cadre qu'il faut le voir, tel que nous l'a dépeint M. Bigot,

...... sur la terrasse assis
Humant la carthagène et fumant la bouffarde.

Ce point de vue philosophique et moral n'avait point échappé à M. Causse qui le présente avec l'*humour* dont il est coutumier.

«Le maset est une institution essentiellement morale et civilisatrice.

Il fait diversion aux rudes travaux de l'atelier, aux préoccupations absorbantes de la vie.

C'est un préservatif puissant contre les entraînements du cabaret, contre l'absinthe, liqueur détestable, et le vermouth doré qui ne vaut guère mieux.

C'est un affluent considérable de la caisse d'épargne : on économise là ce qu'on ne dépense pas ailleurs.

L'escargot rustique, le lapin du crû, les figues sèchées au soleil impriment des habitudes de frugalité et de sobriété.

La jeune fille est moins exposée à glisser dans des sentiers raboteux, protégés par une double haie d'iris aux fleurs bleues, que sur les bords argileux et trop ombragés de notre vieux Vistre.

Un collecteur d'impôts, aujourd'hui en retraite, qui avait approfondi la théorie de son art, me disait un jour que le propriétaire de Maset payait très régulièrement ses contributions de toutes natures,

C'était assurément le plus bel éloge qu'il pût faire du maset et de son propriétaire.

L'homme qui paie bien ses impôts, qui anticipe sur les douzièmes échus, est, avant tout et par dessus tout, un bon citoyen. Le *Moniteur universel,* cette grande pancarte à vingt-quatre colonnes, qui a tant varié depuis septante ans, n'a jamais varié là dessus. »

Mgr Besson, d'éloquente et littéraire mémoire, a célébré à son tour les bienfaits moraux du maset dans ce fameux mandement sur les Courses de taureaux, que les *aficionados* nimois ne lui ont jamais pardonné, et qui lui valut, de la part de la *Société protectrice des animaux*, une médaille dont on s'amusa beaucoup à l'époque, lui tout le premier, du reste. Après avoir protesté contre la « cruauté de ces spectacles païens », il ajoutait : «J'entends des publicistes vous excuser en disant qu'il vous faut des plaisirs, et que le dimanche vous pèse. Ah ! donnez-vous les donc, ces plaisirs qui reposent et qui délassent, et personne ne les bénira d'un meilleur cœur que le cœur de votre évèque. Ces plaisirs purs et chrétiens, mais qui donc les connait mieux que vous ?Qui a moins besoin que vous des jeux publics, des arènes et de l'amphithéâtre ? Lorsque nous montrons aux étrangers ces villas, ces maisonnettes, ces abris de verdure et de fleurs, ou plutôt, pour parler la langue du pays, ces « masets » presque sans nombre qui peuplent vos coteaux: «Voilà, leur disons-nous, l'asile sacré que nos catholiques de Nimes fréquentent le dimanche ».

Prenant ensuite son pinceau aux riches couleurs, l'évêque littérateur nous fait du maset une peinture dont quelques traits sont bien un peu forcés. L'art y embellit beaucoup la nature. Tel quel, le tableautin a son charme, et aussi sa leçon.

« Ce toit enfumé ne couvre qu'une chambrette où se prépare un humble et frugal repas. Mais au devant s'étend une pelouse peuplée d'amandiers où l'on compte autant de fruits que de fleurs, d'oliviers qui gardent jusqu'à la fin de l'automne leur douce récolte. Là viennent, dans la soirée, respirer et se reposer nos bonnes familles chrétiennes.

« La mère vague aux soins du ménage, le père compte les fruits de son petit domaine, les enfants s'exercent à la course ou au jeu de boules sous le regard de leurs parents. Vous les rencontreriez, après les vêpres, portant au bras le repas du soir et prenant le chemin de leur chère maisonnette. Vous les verriez rentrer dans la ville, après le coucher du soleil, d'un air serein, d'un pas joyeux, montrant dans leur démarche et dans leur regard l'assurance modeste d'une conscience tranquille ; et le travail de la semaine recommencera le lundi sans peser à cet humble ménage, parce qu'il a joui de la prière et de la liberté du dimanche, parce qu'il a goûté le repos de son maset entre l'olivier et le figuier qui en ombragent les murs. « Peuple heureux ! me répond l'étranger ; puisse-t-il jouir longtemps de son bonheur ! Heureuse ville, si elle garde toujours ces mœurs simples, ces habitudes chrétiennes, si elle ne connaît jamais que le chemin de l'église, de l'atelier, de l'école et de la maison des champs ! »

*
* *

Après ça, mes braves Nimois, après tout ces avantages du maset, si quelqu'un vous blame ou vous « blague » au sujet de votre passion favorite, il a bien tort. Pour mon compte, au risque de tomber dans le *Tartarinisme*, je suis pour Vedel, et je crie : Vive le maset ! encore plus fort que lui, parce qu'il y a un autre aspect du sujet qui me tient grandement à cœur, et sur lequel je veux insister longuement. Ce sont les rapports du maset et de la question sociale.

Singulier rapprochement, dira-t-on. Qu'est-ce qu'il peut bien y avoir de commun entre ces deux objets ?

On ne s'attendait guère
A voir du « social » en cette affaire.

La voilà bien, ajouteront quelques grincheux, cette tendance qu'on a aujourd'hui à mêler à tout la question sociale. Tout le monde veut la résoudre, et chacun a sa théorie, son système, sa recette. C'est une manie, un genre, une pose, une plaie. La question sociale par ci, le problème démocratique par là. Vous ne pouvez pas déplier un journal, découper une revue, ouvrir un livre sans rencontrer ce sujet traité sous une forme ou sous une autre. Vous vous cassez partout le nez contre cette vision obsédante. Ah ! mais, non ! c'est énervant à la fin ! D'abord il n'y a pas de question sociale. Gambetta l'a dit, tous les « bourgeois » le pensent, et Dieu sait si les « bourgeois » sont nombreux dans toutes les classes de la société. Et ensuite, à supposer qu'elle existe, c'est bien assez de rencontrer en ville cette rébarbative personne, mais qu'elle nous laisse aller en paix à la campagne. De grâce, qu'elle ne nous suive pas jusqu'au maset !

Eh bien ! oui, prenez en votre parti, bourgeois antidémocrates, ou plutôt soyez en bien heureux, — je vais vous dire pourquoi — la question sociale a sa place au maset. Apprenez que le maset offre un remède efficace à cette agitation démocratique dont s'inquiète votre égoïste quiétude. Apprenez que le jour où tout le monde aurait un maset, il n'y aurait plus de socialistes.

C'est bien facile à comprendre. Un « masetier » est un petit propriétaire. Or, un propriétaire, si petit soit-il, ne sera jamais un « partageux. » On n'est, en général, partageux que du bien des autres, jamais du sien propre. Prenez un ouvrier, quel qu'il soit. Du jour où il possèdera le moindre immeuble, n'ayez crainte qu'il prête l'oreille aux utopies collectivistes. Il s'attache à ce coin de terre arrosé de ses sueurs, à cette maisonnette aux murs de laquelle sont suspendus les souvenirs de sa vie intime, où il retrouve, écrite pierre à pierre, l'histoire de ses souvenirs de famille.

Un poète contemporain a chanté

> Cet amour profond et vainqueur
> Qui d'un coin sacré de la terre
> Fait un lambeau de notre cœur.

Et qui ne connaît l'apostrophe célèbre de Lamartine :

> Objets inanimés, avez-vous donc une âme
> Qui s'attache à notre âme et la force d'aimer ?

Non, les choses n'ont pas d'âme : mais elles tiennent à notre âme. Nos joies et nos douleurs s'accrochent à leurs angles, rient ou pleurent dans leurs facettes. Nous les aimons comme une part de nous.

L'abbé Lemire parle quelque part, dans un de ses discours, de ces deux charmeuses éternelles de l'humanité, la terre et la maison : la terre bonne et féconde avec sa corbeille de fleurs et de fruits ; la maison, douce et rêveuse, avec son vitrage qui reflète l'âtre de la famille. Ces deux charmeuses sont aussi deux bienfaitrices.

Les avantages de la petite propriété, au point de vue moral et social, sont incontestables. L'individu y trouve une garantie d'indépendance, de sécurité et de moralité, un stimulant pour l'esprit d'ordre et d'économie, pour les habitudes de travail et de ténacité. Son influence moralisatrice et salutaire s'exerce surtout vis-à-vis de la famille, à laquelle elle fournit une base durable au point de vue purement économique. C'est par elle qu'on peut empêcher la scission de l'humanité en deux classes, scission qui entraîne fatalement l'asservissement des petits aux grands. On sait le rôle des États-Tampons destinés à empêcher le contact immédiat des nations rivales. La classe des petits propriétaires est appelée à jouer le même rôle dans la lutte que les convoitises et l'envie des prolétaires soulèvent contre l'orgueil et la vanité des puissants.

Oh ! les meneurs socialistes le savent bien ! Où recrutent-ils le plus de partisans ? Dans la grande industrie, c'est-à-dire là où le prolétariat vagabond, sans feu ni lieu, est le plus développé. Où rencontrent-ils le plus de résistance ? C'est, d'une part, dans les régions les plus chrétiennes, de l'autre dans celles où il y a le plus d'ouvriers et de petits propriétaires dans l'aisance. Aussi proclament-ils avec Bebel que « pour amener au plus tôt le *chambardement* de la société actuelle, il faut à tout prix maintenir l'ouvrier dans la misère » — « Pourquoi combattez-vous donc avec tant d'acharnement les sociétés qui tendent à rendre le travailleur propriétaire ? » disait-on un jour à un des chefs du socialisme français. — « Parce qu'elles donnent une grande satisfaction à l'ouvrier, qu'elles tuent le mobile de toute révolte, la haine, parce qu'elles nous privent d'un combattant et en font un bourgeois. »

*
* *

La conclusion s'impose, n'est-ce pas ? L'idéal, au point de vue de la conservation sociale, le voici : Faire un propriétaire (oh ! un tout petit propriétaire) de chaque travailleur, et c'est justement l'idéal que réalisent nos chers petits masets nimois.

Diverses œuvres et associations se sont fondées récemment en France sur ce terrain si excellent. Il y a les sociétés d'*habitations à bon marché*, dont M. Siegfried s'est fait un des principaux promoteurs. « L'idéal social, dit-il, serait que chaque travailleur put avoir sa maison séparée, où, maître chez lui, il pourrait jouir de sa propriété, entouré de sa femme et de ses enfants. » Le sénateur du Havre a fait voter une loi pour favoriser les habitations à bon marché.

Mais il avait été précédé dans cette voie par les « Terrianistes » catholiques, tels que le docteur Lancry, de Dunkerque, qui, dès 1883, déclarait qu'un des points fondamentaux de tout programme social catholique, c'était la réalisation de la petite propriété assurée à tous et insaisissable.

« Les catholiques ont le devoir, dit-il, d'être à la tête de tous leurs concitoyens dans une entreprise aussi bienfaisante et dans une réforme aussi fondamentale. Aux premiers âges de l'Église, la suppression de l'esclavage ; au moyen-âge, la suppression du servage ; aux temps modernes, la suppression de la contrainte par corps et l'insaisissabilité des vêtements et des instruments de travail ; au xxe siècle, l'insaisissabilité de ce vêtement de pierre qu'est la maison familiale, et de ce refuge de la liberté civique qu'est la petite propriété.

C'est notre patrie, c'est la France qui doit avoir l'honneur de réaliser cette réforme et de la promouvoir dans le monde entier. »

Mais le principal chef du mouvement « terrianistes » en France, c'est M. l'abbé Lemire, fondateur et directeur de la *Ligue du coin de terre et du foyer*. « La ligue a pour but d'étudier, de propager, de réaliser par les moyens en son pouvoir toutes les mesures propres à établir la famille sur sa base naturelle qui est la possession de la terre et du foyer. » Tel est le premier article des statuts.

Oui, me dira-t-on, tout cela est très beau.... en théorie. Mais où sont les réalisations pratiques ? Je réponds que, dans cet ordre d'idées, il y a une œuvre éminemment pratique qui grandit chaque jour et s'étend dans toute la France. C'est l'œuvre des « jardins ouvriers. » Prenez la peine, ou plutôt le plaisir de lire la brochure que le docteur Lancry a écrite à ce sujet (1), ainsi que les chroniques hebdomadaires que le même docteur, homme d'esprit autant qu'homme pratique, publie dans la *Justice sociale* de l'abbé Naudet.

Lisez aussi la substantielle brochure où M. Louis Rivière a récemment publié une communication par

(1) S'adresser à l'auteur, à Dunkerque.

lui faite à la Société d'économie sociale, sur les *Jardins Ouvriers* (54, rue de Seine, à Paris). Vous y verrez qu'au point de vue matériel l'assistance par le travail n'avait pas reçu jusqu'ici de forme à la fois plus aisée, plus saine et plus rénumératrice. Un labeur qui n'exige pas, de celui qui le pratique, un long apprentissage ; un labeur qui ne risque point d'encombrer le marché et qui en somme est le plus simple et le premier de tous les travaux humains ; un labeur qui donne à l'individu assisté le secours direct , immédiat, sans aucun intermédiaire enfin, puisque l'ouvrier consomme aussitôt le produit de ses fatigues ; un labeur qui, pour cinq francs dépensés par le bienfaiteur, apporte aux malheureux trente à cinquante francs de nourriture : tel est, en peu de mots, en considérant l'œuvre au seul point de vue de l'assistance par le travail, le facile et fécond labeur fourni aux besogneux par l'institution des jardins ouvriers.

Et M. Louis Rivière examine aussi, de la question, le côté moral et le côté social, qui n'en sont certes pas les moins importants. La famille réunie, reconstituée autour du petit champ cultivé par tous ; l'utile et charmante émulation entre les détenteurs des divers coins de terre, ambitieux chacun d'obtenir les plus beaux et les plus florissants produits ; le cabaret peu à peu déserté ; l'heureuse influence et la bonne santé du travail agricole, imprégnant les corps et les esprits jusqu'alors étiolés par l'atmosphère épaissie et viciée des usines ou des cités ouvrières ; l'instinct de la propriété et le sentiment du droit imprescriptible que l'on a sur l'objet fécondé de ses sueurs, cet instinct se glissant dans les cerveaux et les vaccinant, s'il est permis d'employer cette comparaison, contre l'envahissement du collectivisme... Tous ces résultats des jardins ouvriers ne sont point des espoirs chimériques, fondés sur une argumentation plus ou moins vaine ; ils constituent des faits prouvés par l'expérience.

C'est surtout à Saint-Etienne, sous l'impulsion d'un jésuite, que l'œuvre s'est développée dans toute son extension, puisque au jardin on a pu parfois ajouter la maison ouvrière bâti par les soins de l'ouvrier lui-même. C'est tout à fait le maset de Nimes.

« Tout le monde propriétaire », tel est donc, à l'heure actuelle, le mot d'ordre de tous ceux qui veulent combattre efficacement le collectivisme. Or, à Nimes, ce mot d'ordre a été depuis longtemps réalisé plus qu'ailleurs, grâce aux masets. Je vous en prie, ne souriez pas, ne me prenez ni pour un Vedel ni pour un Tartarin. Je vais vous citer des chiffres authentiques qui établissent la supériorité de Nimes à cet égard. De même que la statistique démontre que Nimes est la ville de France où il pleut le plus rarement, la ville du soleil par excellence, — Nice ne vient qu'après, — de même elle prouve que notre ville est celle ou il y a le plus de propriétaires, j'entends de propriétaires ayant une maison occupée par eux seuls. En doutez-vous encore? Lisez ce passage que m'a communiqué un statisticien fort distingué, passage emprunté à une conférence sur la Propriété bâtie, faite à la Société de statistique de Paris, le 17 décembre 1890, par M. Émile Boutin, et reproduite par le *Journal de la Société Statistique de Paris* (1) p. 235 : « *Maisons occupées par le propriétaire seul.* — Les maisons occupées par le propriétaire seul représentent, pour l'ensemble de la France, 56 0/0 du nombre total des maisons ; mais cette proportion est loin d'être la même sur tous les points du territoire : elle s'abaisse progressivement au fur et à mesure que la population des localités s'accroît, et de 63 0/0 qu'elle atteint dans les communes rurales, elle descend à 15 0/0 et au-dessous dans quelques grandes villes. Parmi les villes d'une population supérieure à 30,000 habitants, la ville de Nimes, grâce aux petites maisons de campagne ou *Mazets* construites dans sa banlieue, est celle qui renferme le plus grand nombre de maisons occupées en totalité par leur propriétaire (49 p. 100).

Et voici comment s'est produite cette situation privilégiée de la ville de Nimes. Je tiens les détails que je vais donner d'un vieux Nimois très au courant des mœurs et de l'histoire de sa ville natale. La population a toujours été ici une population de petits travailleurs : l'agglomération ouvrière, cette

(1) Trente-deuxième année, 1891.

pourvoyeuse de l'armée des sans famille et des sans patrie, n'existe pas chez nous. C'est pour cela sans doute que nous avons si peu de socialistes proprements dits. Il y aurait plutôt des anarchistes, si les idées révolutionnaires arrivaient à pénétrer dans le peuple. Les cordonniers, par exemple — et Dieu sait s'il y en a dans certains de nos faubourgs — les cordonniers ne sont pas socialistes ; ils vivent trop isolés : le jour où ils cesseraient d'être chrétiens, ils seraient anarchistes..... et ils n'iraient plus au maset ! !

Avant que le développement et le perfectionnement du machinisme eussent tué la main d'œuvre dans beaucoup d'industries, il y avait à Nimes toute une population de tafetassiers ou tisserands, de passementiers ou *débassaires*. Ceux-ci fabriquaient dans leurs maisons respectives pour le compte des patrons établis dans la ville. Or voici ce qui arrivait souvent. L'ouvrier honnête et laborieux allait trouver son patron et lui disait : « *Volé basti ma demurança*, je veux me bâtir une maisonnette qui m'appartienne. Mais, quoique j'ai fait quelques économies, mes fonds ne sont pas suffisants. Faites moi une avance d'argent que je vous rendrai peu à peu. » Le patron avançait les fonds et retenait ensuite sur la *paye* de son ouvrier une somme plus ou moins forte, jusqu'à libération complète. Ou bien, d'autrefois, l'ouvrier, s'il n'était pas assez riche, empruntait pour bâtir sa *démurança*, et s'engageait à payer une rente. Il y a encore quelques maisons de nos faubourgs qui sont dans ce cas. Si le docteur Lancry, dont j'ai parlé, lit jamais ces lignes, il sera ravi de voir qu'à Nimes on a réalisé depuis longtemps quelques-unes des idées qu'il préconise avec tant de verve et d'esprit, chaque dimanche, dans la *Justice sociale ;* il murmurera dans sa barbe que le pays de Tartarin a du bon.

La plupart des maisons basses, n'ayant qu'un rez-de-chaussée, rarement un premier, qu'on trouve en si grand nombre dans certains de nos faubourgs, ont été construites de cette façon là par des travailleurs. C'étaient des masets, mais habités tout le temps par leurs propriétaires. Ces masets se sont multipliés autour de la ville au point de former des rues. Encore aujourd'hui certains masets construits sur les collines nimoises ne sont pas seulement des maisonnettes de campagne, mais des foyers ou la famille réside habituellement.

Alphonse Daudet a décrit admirablement ce coin de Nimes dans les *Rois en exil.* Qui ne connaît Élysée Méraut, le royaliste ardent et entêté de l'Enclo-Rey, avec sa devise : *Fides, spes*, un des types les plus vrais et les plus vivants créés par le grand romancier nimois. Or, « lors qu'Élysée Méraut pensait à son enfance, — il y pensait souvent, car toutes les impressions fortes de sa vie étaient là, — voici régulièrement ce qu'il voyait : une grande chambre à trois fenêtres, inondées de jour et remplies chacune par un métier Jacquart à tisser la soie, tendant comme un store actif ses hauts montants, ses mailles entre-croisées sur la lumière et la perspective du dehors, un fouillis de toits, de maisons en escalade, toutes les fenêtres également garnies de métiers où travaillaient assis deux hommes en bras de chemise, alternant leurs gestes sur la trame, comme des pianistes devant un morceau à quatre mains. Entre ces maisons, de petits jardins en ruelle grimpaient la côte, jardinets du Midi brûlés et pâles, arides et privés d'air, pleins de plantes grasses, de « cougourdiers » montants, et que de grands tournesols larges épanouis vers le couchant, avec l'attitude penchée des corolles cherchant le soleil, remplissaient de l'odeur fade de leurs graines mûrissantes, odeur qu'après plus de trente ans Élysée croyait sentir encore quand il pensait à son faubourg. Ce qui dominait cette vue du quartier ouvrier bourdonnant et serré comme une ruche, c'était la butte pierreuse sur laquelle on l'avait bâti et quelques vieux moulins à vent abandonnés, anciens nourriciers de la ville, que l'on conservait pour leurs longs services, dressant là-haut le squelette de leurs ailes comme de gigantesques antennes brisées, et laissant se détacher et fuir leurs pierres dans le vent, le soleil et l'âcre poussière du Midi. Sous la protection de ces moulins ancêtres s'étaient gardées là des mœurs et des traditions d'un autre temps.

Toute la « bourgade », — on appelle aussi ce coin de faubourg « l'Enclos-Rey », — était, elle est encore, ardemment royaliste, et dans chaque atelier, on trouvait pendu à la muraille, bouffi, rose et blond, les cheveux longs bouclés et pommadés avec de jolies lumières sur leurs boucles, le portrait, — à la mode de 1840, — de celui que les bourgadiers nommaient familièrement entre eux « lou Goï » (le boiteux). Chez le père Élysée, au-dessous de ce cadre, il y en avait un autre plus petit, où se détachait, sur le bleu d'une feuille de papier à lettre, un grand cachet de cire rouge avec ces deux mots : « *Fides, spes* » en exergue, autour d'une croix de Saint-André.

« De sa place, en faisant aller sa navette, maître Mérault voyait le portrait et lisait la devise « foi, espérance...... », et sa large face, aux lignes sculpturales, vieille médaille frappée sous Antonin, qui avait elle-même le nez aquilin et les contours arrondis de ces Bourbons qu'il aimait tant, se gonflait, s'empourprait d'une forte émotion ».

Reboul a tracé lui aussi, le portrait du *débassaïre*, du tafetassier nimois logé dans sa maisonette, y vivant honnêtement et joyeusement. C'est encore dans une de ces pièces languedociennes que le cher et grand poète appelait « Mi brouquéto » et dont le titre est : *Meste Matiéu.*

Aoutri-fès, din l'Enclaus de Rèi
Un ome d'uno espèci raro
Viyié. — Lou bon Dièu, de sa caro

Aurié pougu n'en faïre siéi.
Soun ferrat d'aigo, sa bouteïo,
Li boutèl nus dédin l'estiéu :
Qu'érò drole mèste Matiéu,
Can soupavo souto sa treïo !

Pichot fabricant de débas,
Gai, sougnous e bon travayaïre,
Fasié pas de grossis affaïre,
Mai fasié de bon cacalas !
Manjant de bla, manjant de seïo,
Avié fa soun nis fiéu à fiéu :
    Qu'èro drole, etc.

N'éro pa, coumo tan de gènt :
Riche fourrèu e tristo lamo.
Pensavo à pas perdre soun amo,
En'adgagna p ensant à rgènt.
De tout lou bèn qué sé soureïo,
Désiravo pas que lou siéu :
    Qu'èro drole, etc.

Marida, séns enfant, disié
A si nébout que l'entouravon :
— Se de malur vous arribavon,
Fraudés pas vosti creancié.
Dounas jusqu'à vostis auréio
Avant de moustra voste quiéu :
    Qu'èro drole, etc.

Autrefois, dans l'Enclos-Rey, — un homme d'une espèce rare — Vivait. Le bon Dieu, de sa corpulence, — Aurait pu en fabriquer six. — Avec sa cruche, sa bouteille, — Les mollets nus pendant l'été, — Qu'il était drole, maître Mathieu, — Pendant qu'il soupait sous sa treille.

Modeste fabricant de bas, — Gai, soigneux et bon travailleur, — Il ne faisait pas de grosses affaires — Mais il faisait de bons éclats de rire.—Mangeant du blé, mangeant du seigle, — Il avait fait son nid petit à petit :— Qu'il était drole, etc.

Il n'était pas comme bien des gens, — Riche fourreau, et triste lame. — Il pensait à ne pas perdre son âme, — En pensant à gagner de l'argent. — De tout le bien qui est au soleil, — Il ne désirait que le sien : — Qu'il était drole, etc,

Marié, sans enfants, il disait — A ses neveux qui l'entouraient : — Si quelque malheur vous arrive, — Ne trompez jamais vos créanciers. — Donnez jusqu'à vos oreilles— Avant de montrer votre ...... — Qu'il était drole, etc.

J'ajoute que le plus souvent, aujourd'hui, à tort ou à raison, plutôt à tort, je crois, on préfère à Nimes être locataire d'un appartement en ville, et propriétaire d'une maisonnette à la campagne.

***

Qu'il s'agisse d'un maset dans les faubourgs, ou d'un maset en pleine garrigue, ce maset a un ennemi implacable, mortel, c'est le socialisme. Savez-vous, en effet, chers masetiers nimois, ce que veulent les socialistes ? Oui, n'est-ce pas ?......... Un peu trop vaguement peut-être. Demandez-le à Jaurès, qui le sait, lui, quoiqu'il ne le dise pas toujours nettement, ce vil opportuniste du socialisme. Il l'a dit pourtant. Ce que veulent les « socios», c'est « un changement dans le régime de la propriété par la socialisation des moyens de production, entre autres de la terre, des batiments et des maisons.

La nation deviendrait propriétaire de tous les capitaux, mines, usines, terres et habitations. L'Etat s'emparerait de tous les biens et les partagerait entre nous tous selon certaines règles sur lesquelles, du reste, on ne nous a jamais bien fixés. Dans l'ordre socialiste personne ne serait plus propriétaire de son champ, de sa vigne, de sa demeure, c'est la collectivité qui serait seule propriétaire.

Vous voyez ça d'ici, Messieurs les masetiers ! Le jour où se lèvera sur le monde le soleil radieux et fécond — Oh ! oui fécond, surtout — du socialisme enfin triomphant, voici le spectacle qu'il éclairera. Toutes les terres, tous les masets feront retour à l'Etat,au Gouvernement qui en disposera à son gré. Le Gouvernement s'appellera Jaurès ou Faberot, Jules Guesde ou Chauvin, n'importe. Il nommera des commissaires chargés de la répartition du travail et des produits du travail. Ce sera quelque chose comme l'organisation du travail des Hébreux sous le baton des Egyptiens. Tel est le Paradis enchanteur du socialisme qui est destiné à remplacer plus tard l'Enfer capitaliste d'aujourd'hui.

Dans ce Paradis, il y aura encore des masets, peut-être, mais à coup sûr il n'y aura plus de masetiers, plus de propriétaires de ma sets.

Ce sera tout de même drôle. Comment les choses vont-elles se passer ? Les quelques doctrinaires nimois du collectivisme seraient bien aimables de nous le dire. Les commissaires de l'Etat ou de la Commune, de la Collectivité, quoi ? iront-ils chaque dimanche, ou même chaque jour, se poster sur tous les chemins qui conduisent aux Garrigues, pour indiquer à chacun le maset où il devra se rendre, qu'il devra soigner cette fois là ? ... Non, sans doute, ce serait légèrement compliqué. On devra plutôt aller à la Mairie demander un « bon de maset » comme on demande un bon de pain ou de légumes. De plus, les masets ne se ressemblent pas. Et de même qu'on peut se demander qui donc, en ville, occupera les premiers étages des maisons, et qui les mansardes, la même question se pose pour la campagne. A qui les villas ? Et à qui les capitèles ?

Il y aura donc des «classes», ces horribles classes que les socialistes doivent abolir.

Ce n'est pas tout. Que deviendront les fruits récoltés dans les enclos et les dépendances des masets ? Nul ne pourra se les approprier. Y songez-vous ? L'appropriation personnelle est une de ces abominations que le collectivisme doit effacer de la surface du monde. Tout sera mis en commun, et les commissaires (toujours les commissaires) ! feront le partage à chacun des membres de la communauté. Pauvres chers enclos de nos chères maisonnettes, vous qu'on soigne avec tant d'amour, que deviendrez-vous au soir du grand chambardement ? Comme vous serez mal entretenus, mal cultivés le jour ou vous n'aurez plus de propriétaires ? Votre ennemi Jaurès a cité un jour à la Chambre ce proverbe arabe : « Le champ dit à son maitre : montre moi souvent ton ombre.» Que dira-t-il quand il n'aura plus de maître, de vrai maître ? Car, quand tout le monde est maître, c'est comme si personne ne l'était.

Ceci me remet en mémoire une anecdote piquante qui s'est passée à St-Étienne. Le Père jésuite qui s'occupe des *jardins ouvriers* reçut un jour une demande de concession de la part d'un ouvrier connu pour ses idées socialistes et collectivistes. Le Père l'admit. A quelque temps de là, il le rencontre travaillant sa terre. « Bonjour, mon ami ; on va bientôt faire la récolte ? — Oui, Père, j'ai même commencé. — Allons, c'est bien. Les voisins vont faire la leur ; puis on mettra toutes les pommes de terre ensemble. Le Conseil fera autant de tas qu'il y a de familles, et en donnera une part à chacune. » Notre homme ouvrait de grands yeux. « Qu'est-ce que vous dites-là, Père ? Je pensais que tout cela était à moi. — Mais, mon ami, ne sommes-nous pas tous frères ? Et parce que nous sommes tous frères, ne faut-il pas que tout soit mis en commun ? Et puis il y a le plaisir de faire plaisir aux autres. — Sans doute, sans doute, mais enfin, j'ai de plus belles pommes de terre que le voisin (il disait vrai) ; pourquoi y aurait-il droit ? Je pensais que je travaillais pour moi. — Mais, mon brave homme, vous vous dites socialiste ; et vos socialistes veulent que tout soit à tous : l'État fait les parts : ici l'État, c'est le Conseil. — Comment ! ils disent ça, les socialistes, mais alors je n'en suis plus ! » Cette anecdote, qui est absolument authentique, ne laisse pas d'être instructive.

*
* *

Oh ! je sais bien ce que quelques uns pourront me répondre, c'est que dans l'établissement du régime collectiviste on ne touchera pas à la « petite propriété. » Pendant longtemps les théoriciens et les hableurs du socialisme ont réclamé la nationalisation de toutes les terres et de tous les biens sans exception. Mais les politiciens du parti se sont bien vite aperçus que cette dépossession ne souriait guère aux neuf millions de français qui possèdent quelques immeubles au soleil. Ils se sont alors empressés de changer de langage et de dire aux petits propriétaires : Rassurez-vous : nous ne toucherons pas à votre champ, à votre maisonnette. Nous n'en voulons qu'aux gros capitalistes et aux grands propriétaires, mais pour nous la « petite propriété » sera sacrée. Vous, en particulier, Messieurs les masetiers, soyez en paix, on ne vous prendra pas votre capitèle. »

Ce bloc enfariné ne me dit rien qui vaille, répondra le masetier, comme le paysan. Où commence et où finit la petite propriété ? A quel degré ferez vous la coupure ? Vous prendrez, n'est-ce pas, les villas, et vous laisserez les capitèles. Mais où finit la capitèle et où commence la villa ?

Qu'il s'agisse, du reste, du petit propriétaire

comme du grand, son droit, dans votre système, changera de nature. « Vous confisquez la grande et vous respectez la petite » dites-vous. Soit ! C'est là un fait, un fait qui dépend de votre volonté ! Moi, petit propriétaire, moi masetier, je ne conserve plus ma propriété qu'en vertu d'une décision de l'autorité publique, je garde mon titre, mais ce titre change de caractère ; je ne suis plus propriétaire qu'en vertu d'une délégation de la collectivité.

Vous m'assurez que vous ne me prendrez pas mon lopin de terre, mon maset : grand merci ! Vous êtes bien bons ! Mais qui me dit qu'on ne le prendra pas plus tard ? Sais-je à quel taux s'arrêtera la confiscation ? Le savez - vous vous - même ? Et si, par mon labeur, par mon intelligence, par mon économie, j'arrondis mon domaine, si je veux, comme Vedel, acheter la vigne de mon voisin pour agrandir mon maset, de quel droit viendra-t-on me dire : « Halte-là ! Tu n'iras pas plus loin ».

Donc, toutes ces avances des politiciens socialistes aux petits propriétaires, ce sont des trompes l'œil, ce sont des « pièges à paysans ». Ce socialisme opportuniste est une amorce pour la pêche des suffrages, un miroir à alouettes pour la chasse aux électeurs. C'est du charlatanisme. Un de ces hableurs, parlant un jour justement de la petite propriété, l'appelait dédaigneusement un « haillon de propriété ». S'il y avait eu là quelque masetier de Nimes, il lui aurait dit avec Molière :

Guenille, si tu veux, ma guenille m'est chère.

Ainsi que le dit M. Paul Deschanel, ce que le paysan aime dans son lopin de terre, — et j'ajoute ce que le Nimois aime dans son maset, — c'est ce qu'il y a mis de lui-même, c'est ce que son père et son aïeul y ont mis avant lui ; c'est leur travail, leurs vertus, leurs joies et leurs douleurs, tout ce qu'il y a de meilleur et de plus sacré en eux, tout ce qui fait la dignité et l'honneur de l'homme. Et c'est pour cela que sur la plus humble chaumière et la moindre capitèle rayonne un reflet d'idéal.

Ces nobles idées, un félibre nimois les a, lui aussi, éloquemment exprimées dans une pièce languedocienne intitulée : *La Capitèlo de moun Grand*, que je veux citer en finissant cette étude, ainsi qu'une autre pièce de poésie fort bien tournée. Celle-ci est de notre Bigot, et elle est en français. Voici la première

LA CAPITÈLO DÉ MOUN GRAN

I

Lou jour qué moun gran mourigué,
Pouden ié rendr aquel oumagé,
Sian très, à chacun nous fagué
Nosto par de soun héritage.
Douné l'oustaoü à Madèloun
La téro ségué per Adélo.
Coum' éré soulé de garçoun
Mé réservè sa Capitèlo.

II

Mé digué : Jan, la soignaras :
L'aguéré de mon paouré péro
Counservo la tan que vìoüras,
Ero moun bonur sus la téro.
A la voulounta de moun gran,
Ou liu de mé moustra rébélo,
Ié proumétéguér' en plouran,
Qu'ouricï soin dé sa Capitèlo.

III

Despieï sa mort souventi fés,
S'aï un moumen din la journado,
Per mantèné ce qu'aï promés,
Vité ié faoü un escapado.
Au printèn quand lou dous zéphir,
Carresso la fieuo nouvelo,
De moun cur lou pu gran désir,
Es d'estré din ma Capitèlo.

IV

Lou dimenché quand faï beu tén,
Après uno bono semano
A moun bonur manquo pàren,
Sé mé ié trov'en bé ma jano.
Ou can dou roussignaou joïous,
Uni coumo dos tourtourélo
Nous endormissen touti dous,
A l'oumbro de ma Capitèlo.

V

De moun gran aï toujour agu
L'oucasioun dé mé fairé gloiro,

Touté li qué l'an counégu
Rendoun ounou à sa mémoiro ;
Ero cita per lis ancien
Coum' un travaïadou modèlo
Ian entendu diré souvent :
Après mon Diou, ma Capitèlo.

VI

Mi chers amis, se coumo ïoü
Un jour fasés mémo proumesso,
Mantonés, la car davan Dioü
L'ounou vaou maï que la richesso ;
Yoü es un ben rare trésor ;
Sé saves ié resta fidèlo,
Coumo moun gran quand sérés mor
Ourés lou ciel per Capitèlo.

Traduction.

LA CAPITÈLE DE MON GRAND-PÈRE

I

Le jour où mon aïeul mourut, — Je peux lui rendre cet hommage, — Nous étions trois et chacun eut — Sa juste part de l'héritage. — La maison fut pour Madelon, — Et la terre fut pour Adèle, — Comme j'étais le seul garçon, — Il me donna sa Capitèle.

II

Jean, dit-il, tu la soigneras, — Car je l'eus de ton pauvre père, — Garde-la tant que tu vivras, — C'était mon bonheur sur la terre, — A la volonté d'un mourant, — Bien loin de me montrer rebelle : — Sois en paix, lui dis-je en pleurant, — J'aurai soin de ta Capitèle.

III

Depuis sa mort, dans les moments — Qui sont libres, je cours bien vite, — Docile à mes engagements, — Au maset faire une visite, — Au printemps quand le doux zéphir — Berce la verdure nouvelle, — De mon cœur le plus grand désir, — C'est d'être dans ma Capitèle.

IV

Les dimanches de beau soleil, — Après une bonne semaine, — Mon bonheur devient sans pareil, — Avec ma femme que j'emmène. — Au chant du rossignol joyeux, — Heureux de notre amour fidèle, — Nous nous endormons tous les deux — A l'ombre de ma Capitèle.

V

De mon aïeul j'ai toujours eu — L'occasion de me faire gloire. — Tous les Nimois qui l'ont connu — Rendent hommage à sa mémoire, — Il est cité par les anciens — Comme un bon travailleur modèle, — Il disait dans ses entretiens : — Après mon Dieu, ma Capitèle.

VI

Amis, si jamais eomme moi, Vous faites la même promesse, — Tenez-là : pour le divin Roi, — L'honneur vaut mieux que la richesse. — A l'honneur, ce rare trésor, — Gardez une attache éternelle, — Et par là, quand vous serez mort, — Ayez le ciel pour Capitèle.

LE VIEUX MAZET

PAR BIGOT

Au nord de ma ville natale
La garrigue, aux abords poudreux,

Dans sa verte maigreur s'étale.
En arrosant ce sol pierreux
De sa sueur, un prolétaire
Quatre murs blancs en fit surgir.
Du vieux maset de mon grand-père
Je garde un bien doux souvenir.

Avec grand-père, à cette vigne,
J'allais presque tous les jeudis.
Dès l'aube éveillé, sur un signe,
Leste, j'enfourchais l'âne gris.
Tandis que je livrais bataille
Aux nids, aux lézards, aux griffons,
Grand-père élevait sa muraille
Et bêchait dru ses bruns sillons.

Le plat d'escargots le dimanche,
Quand venaient les premiers raisins,
Fumait là, sur la nappe blanche,
Pour la famille et les voisins,
Le vin du cru par chaque verre
Excitait les cœurs à s'unir.
Du vieux maset de mon grand-père
Je garde un bien doux souvenir.

Sous la treille courbée en voûte
Les douces chansons s'envolaient ;
Dans la poussière de la route
Vers le but les boules roulaient.
Les gais enfants à têtes blondes,
Aux pieds des blancs vieillards assis,
Suspendaient leurs joyeuses rondes
Pour écouter de vieux récits.

Jeux innocents, discours frivoles,
Longues promenades à deux,

Danses légères, valses folles,
Pour huit jours nous rendaient heureux,
Le long des buis à feuille amère,
Nous allions rêver et courir
Du vieux maset de mon grand-père
Je garde un bien doux souvenir.

La mort toujours moissonne ou glane !
Grand-père, hélas ! mourut un jour.
En d'autres mains passa son âne ;
L'on vendit sa vigne à son tour ;
Et depuis longtemps, à la place
Du maset qu'on a démoli,
Le rail s'étend, le wagon passe,
Passe, rapide, avec l'oubli.

Enfant de mon siècle, j'admire
Les merveilles de la vapeur.
Qu'elle aille, étendant son empire ;
Aucun progrès ne me fait peur
Mais, malgré moi, mon cœur se serre
Quand je vois les vignes fleurir ;
Du vieux maset de mon grand-père,
Je n'ai plus rien... qu'un souvenir.

Nimes. — Imprimerie Générale, rue de la Madeleine, 21

www.ingramcontent.com/pod-product-compliance
Lightning Source LLC
LaVergne TN
LVHW020450230826
846091LV00004B/1640

* 9 7 8 2 0 1 3 6 7 0 3 2 6 *